AF423999

Comment réussir légalement aux États-Unis

Comment réussir légalement aux États-Unis

Guide de survie pour les avocats étrangers

Maike M. Lara Espinal, LL.M.

DÉDICACEUR

À tous les juristes internationaux à la recherche d'un avenir meilleur et d'une place dans la communauté juridique mondiale, en particulier ceux qui relèvent les défis avec courage et détermination.

REMERCIEMENTS

À ma famille : il n'y a pas assez de mots pour exprimer ma gratitude. Merci d'avoir fait des sacrifices incommensurables pour m'offrir une éducation de qualité et d'avoir toujours été à mes côtés avec un amour et un soutien inconditionnels. Vos efforts, petits et grands, ont été la base sur laquelle j'ai construit mes rêves et mes objectifs. Sans vous, rien de tout cela n'aurait été possible.

À Kevin, mon roc depuis notre rencontre il y a trois ans. Votre soutien indéfectible et votre amour constant ont été mon phare pendant le voyage du LL.M. et la création de ce livre. Merci d'avoir été présent à chaque étape, de m'avoir patiemment écouté et d'avoir fait part de vos précieux commentaires et critiques. Votre présence a rendu chaque défi plus supportable et chaque succès plus doux.

À mes chères amies, Linda et Aylin, qui, dès le premier jour, sont devenues mon groupe d'étude préféré et mon soutien émotionnel. Leurs rires, leurs conseils et leurs épaules sur lesquelles s'appuyer ont été fondamentaux dans ce voyage. J'aimerais également remercier mes autres camarades d'études du LL.M. dont le soutien et la camaraderie ont rendu ce processus enrichissant et mémorable. Je remercie tout particulièrement Mohammed, qui m'a aidé à réviser la version arabe de ce livre.

À mes professeurs de St. John's University School of Law avec lesquels j'ai eu le privilège d'étudier, dont les enseignements et les conseils ont laissé une marque indélébile sur mon développement professionnel et personnel. Je remercie tout particulièrement le professeur Paras, pour son soutien inconditionnel et sa préparation inestimable à l'examen du barreau. Je remercie également le professeur Cole d'avoir accepté d'écrire la préface de ce livre et de m'avoir constamment inspirée en tant qu'ancienne étudiante en LL.M. qui guide aujourd'hui les nouvelles générations. J'exprime également ma gratitude au professeur McGuiness pour m'avoir accueillie en tant qu'assistante de recherche et pour avoir développé mon intérêt pour le droit international grâce à ses vastes connaissances. Enfin, je remercie le professeur Olson pour son soutien dans le processus de candidature et son aide dans la compréhension des exigences du programme.

À mes professeurs de l'Universidad Iberoamericana, leur dévouement et leur soutien ont été fondamentaux dans mon développement académique. Je remercie tout particulièrement le professeur Sagrario Féliz de Cochon qui, dès la première rencontre à l'école secondaire, a été un guide et un soutien exceptionnels, en particulier au cours de ce processus de double diplôme.

De même, à mes premiers enseignants du *Centro de Desarrollo y Cuidado del Niño* et de l'*école Calasanz*. Merci d'avoir eu confiance en mon potentiel dès mes premiers pas, de m'avoir inculqué des valeurs fortes et d'avoir semé les graines du professionnalisme qui ont fleuri tout au long de ma carrière académique et professionnelle. Votre foi en moi et votre dévouement ont été essentiels à l'obtention de mon LL.M. et à la production de ce livre.

Enfin, je suis profondément reconnaissant aux amis que la vie m'a donnés et qui ont joué un rôle particulier dans ce processus. Chacun d'entre vous a apporté quelque chose d'unique et de précieux à ma vie. Vos mots d'encouragement, votre compagnie dans les moments difficiles et vos rires partagés ont été un pilier fondamental pour moi. Votre amitié a rendu ce voyage plus supportable et plus significatif, et j'en serai éternellement reconnaissante.

TABLE DES MATIÈRES

PROLOGUE

En tant qu'étudiant se lançant dans des études de droit à l'étranger, Maike s'est rapidement rendu compte que cette expérience est bien plus qu'une simple recherche académique; il s'agit d'une profonde transformation de la vie. À tout juste 22 ans, Maike s'est retrouvé à naviguer dans le labyrinthe complexe de l'école de droit, de la vie sur le campus et des défis liés à l'adaptation à un nouvel environnement loin de chez lui. Sa passion pour l'écriture et l'aide aux autres l'a incité à partager ce voyage, non seulement comme un récit de ses propres expériences, mais aussi comme un guide pour ceux qui suivront ses traces.

Ce livre est né du désir de Maike de contribuer à une communauté qui l'a façonné d'une manière qu'il n'aurait jamais imaginée. Tirant parti de ses avantages linguistiques, Maike a préparé cet ouvrage en anglais, en espagnol, en français et en chinois, afin de s'assurer qu'il atteigne et trouve un écho auprès d'un groupe diversifié d'étudiants du monde entier. Il est convaincu que chaque étudiant entrant dans un programme de LL.M., qu'il soit fraîchement sorti de l'université ou qu'il ait une expérience professionnelle, porte en lui le potentiel d'avoir un impact significatif. Cependant, le chemin n'est pas toujours clair et les défis peuvent parfois sembler insurmontables. Ce livre est une tentative de démystifier ce chemin, en offrant des idées non seulement pour survivre aux rigueurs académiques d'un programme LL.M., mais aussi pour s'épanouir dans tous les aspects de ce voyage unique.

En tant que professeur à son faculté de droit et diplômé du même programme de LLM, je suis profondément inspiré par le dévouement de Maike. Non seulement il s'est efforcé d'atteindre les plus hauts niveaux d'excellence professionnelle, mais il a également mis ses idées en pratique de manière à aider les autres, non seulement ses pairs, mais aussi ceux qu'il ne rencontrera peut-être jamais. Ce type de leadership fort est exactement ce dont la société a besoin aujourd'hui : des leaders qui font tomber les barrières, défendent les plus démunis, se battent pour ce qui semble impossible et fixent des normes plus élevées auxquelles les autres peuvent aspirer.

Au fil des pages, vous trouverez des conseils pratiques sur la manière d'optimiser votre temps sur le campus et en dehors. De la maîtrise des cours à la préparation de l'examen du barreau, de la constitution d'un réseau professionnel à la recherche d'un emploi intéressant après l'obtention du diplôme, l'objectif de Maike est de vous fournir les outils et les stratégies qui se sont révélés inestimables pour lui et pour beaucoup d'autres. Il sait de première main qu'une petite idée peut devenir quelque chose qui a le pouvoir de transformer des vies. Les défis auxquels il sera confronté sont réels, mais le soutien et les connaissances que l'on peut acquérir grâce aux expériences partagées le sont tout autant.

Maike espère que ce livre vous servira non seulement de guide, mais aussi de compagnon, en vous offrant des encouragements et une sagesse pratique alors que vous traversez ce chapitre passionnant et stimulant de votre vie. Puisse-t-il vous inspirer à poursuivre vos objectifs avec détermination et à aider ceux qui vous succèdent, tout comme il a été inspiré pour vous aider.

Bienvenue dans ce voyage. Votre aventure commence maintenant.

Chunxia Cole, Esq.
Professeur assistant
St. John's University School of Law

INTRODUCTION

Se lancer dans le secteur juridique d'un autre pays peut sembler un défi énorme, et c'est en effet le cas, mais cela ne devrait pas être une contrainte pour relever le défi. La mondialisation et l'interconnexion croissante des pays ont rendu la connaissance et la pratique du droit dans un cadre international plus accessibles et plus utiles que jamais. Cet ouvrage s'adresse aux praticiens et aux étudiants en droit qui souhaitent étendre leur carrière aux États-Unis, l'un des marchés juridiques les plus vastes et les plus compétitifs au monde.

L'objectif de cet ouvrage est de servir de guide pratique, offrant une série d'étapes détaillées et de conseils stratégiques aux étudiants en droit et aux praticiens pour une transition réussie vers le marché juridique américain. Vous y trouverez des informations essentielles sur les aspects administratifs, académiques et professionnels de la navigation et de la réussite dans le système juridique américain.

Les États-Unis se distinguent non seulement par l'un des systèmes juridiques les plus complexes, mais aussi par le fait qu'ils sont une plaque tournante de la pratique juridique internationale. Avec sa grande diversité de lois fédérales et d'État, le système juridique américain offre des possibilités uniques de spécialisation et de développement professionnel. En outre, de nombreux cabinets d'avocats multinationaux et des entreprises actives à l'échelle mondiale ont leur siège ou des bureaux importants aux États-Unis, ce qui en fait une destination attrayante pour les juristes qui cherchent à élargir leurs horizons professionnels.

Cet ouvrage est organisé en plusieurs sections clés, chacune d'entre elles étant conçue pour aborder un aspect crucial du processus d'intégration dans le système juridique américain :

1. Choisir le bon programme : nous verrons comment évaluer et choisir le programme universitaire qui correspond le mieux à vos objectifs de carrière, en comparant des programmes tels que le Master of Laws (LL.M.) et le Juris Doctor (J.D.).

2. Demander un visa d'étudiant : vous comprendrez les différents types de visas disponibles, la procédure de demande, les documents requis et les conseils pratiques pour l'entretien consulaire.

3. Parlons d'argent : nous allons décomposer les coûts associés aux études et à la vie aux États-Unis, et explorer les options de financement disponibles, et compris les bourses et les possibilités d'emploi pour les étudiants étrangers.

4. Choses à savoir à l'avance : nous vous préparons à la vie universitaire et culturelle aux États-Unis, en soulignant les principales différences entre le système juridique américain et les autres systèmes juridiques.

5. Éthique pour les étudiants en droit : nous aborderons l'importance de l'éthique académique et professionnelle, et la manière dont elle s'applique dans le contexte de l'enseignement juridique aux États-Unis.

6. Une journée scolaire normale : nous vous donnerons des stratégies pour gérer et exceller dans le système d'enseignement socratique couramment utilisé dans les facultés de droit américaines.

7. Examens de la école de droit : vous apprendrez les différents types d'examens, ainsi que les techniques d'étude et de préparation efficaces.

8. Garantir l'emploi : nous vous donnerons des conseils sur la manière d'obtenir des stages et des emplois, y compris sur l'utilisation des réseaux et la préparation aux entretiens.

9. Différents examens pour l'inscription : nous aborderons les principaux examens dont vous aurez besoin pour pratiquer le droit aux États-Unis, tels que l'examen du barreau et le MPRE, entre autres.

10. Témoignages d'étudiants du LL.M. : nous présenterons l'expérience de plusieurs étudiants qui ont terminé un LL.M. dans différentes universités du pays et de différentes régions du monde.

11. Exigences par juridiction : nous dresserons la liste des exigences spécifiques à chaque État pour l'admission à la pratique, ainsi que des ressources supplémentaires pour plus d'informations.

12. Liste de contrôle avant le premier jour d'école : nous ferons un résumé complet de toutes les étapes que vous devriez avoir accomplies avant le premier jour d'école.

13. Ressources complémentaires : enfin, nous vous proposons une liste d'ouvrages recommandés, de sites web utiles, d'organisations et d'associations professionnelles, ainsi que de programmes de soutien et de tutorat.

Le chemin qui mène à la pratique du droit aux États-Unis est semé d'embûches, mais il est aussi plein d'opportunités gratifiantes. Cet ouvrage vous apportera non seulement les connaissances nécessaires pour surmonter les premiers obstacles, mais aussi les outils qui vous permettront de vous épanouir dans votre carrière juridique aux États-Unis. Que vous soyez dans la phase exploratoire ou que vous ayez déjà décidé de franchir cette étape importante, ce guide vous accompagnera tout au long de votre parcours.

Ce livre est le fruit de mon expérience dans le domaine de la formation juridique aux États-Unis. Au cours de mon parcours, j'ai rencontré de nombreux défis et j'ai appris des leçons précieuses qui auraient facilité mon adaptation et ma réussite si je les avais connues à l'avance. Ce manuel vise à partager ces connaissances et à offrir des conseils pratiques à ceux qui suivent cette voie.

De même, il est important de garder à l'esprit que les procédures consulaires et d'immigration dépendent toujours des autorités consulaires américaines et peuvent varier en fonction du pays d'origine du demandeur et de sa situation personnelle. Bien que je décrive les procédures en termes généraux et la manière dont elles sont couramment utilisées, chaque expérience est unique, et ce livre est conçu comme un guide qui complète les informations officielles et les expériences personnelles d'autres étudiants étrangers.

Rejoignez-nous dans ce voyage de découverte et de préparation. Avec de l'engagement, de la préparation et les bonnes informations, vous pouvez devenir un professionnel du droit couronné de succès aux États-Unis.

1

CHOISIR LE BON PROGRAMME

Le choix du bon programme universitaire est une décision cruciale qui peut grandement déterminer votre réussite dans le domaine juridique aux États-Unis. Du choix de la bonne université à la sélection du programme spécifique en fonction de vos besoins, chaque étape de ce processus influencera votre préparation et vos futures opportunités de carrière. Dans ce chapitre, nous allons explorer les différents types de programmes juridiques disponibles aux États-Unis, les facteurs à prendre en compte lors du choix d'une université et les étapes nécessaires pour mener à bien votre candidature.

Types de Programmes de Droit

Les facultés de droit des États-Unis proposent principalement deux types de programmes d'études juridiques : le **Juris Doctor (J.D.)** et le **Master of Laws (LL.M.)**. Chacun de ces programmes a des caractéristiques et des objectifs différents, adaptés à des profils d'étudiants différents.

Le programme **Juris Doctor (J.D.)** est le principal diplôme professionnel en droit aux États-Unis. Ce programme est conçu pour ceux qui souhaitent obtenir une licence pour pratiquer le droit aux États-Unis et attire généralement des étudiants qui ont obtenu une licence dans n'importe quelle discipline, généralement les sciences politiques, l'économie, etc. Le J.D. est un programme de trois ans qui offre une formation complète en droit, couvrant à la fois les principes juridiques fondamentaux et les domaines spécialisés.

Les étudiants en doctorat disposent d'une plus grande flexibilité pour choisir parmi un large éventail de cours facultatifs, ce qui leur permet de se spécialiser dans des domaines spécifiques du droit en fonction de leurs intérêts professionnels. En outre, les diplômés du J.D. ont une plus grande capacité à pratiquer dans n'importe quelle juridiction des États-Unis, à condition de passer l'examen du barreau de l'État concerné.

Le programme d'études du J.D. comprend des matières fondamentales telles que le droit constitutionnel, le droit pénal, le droit des contrats et le droit civil. Ces matières constituent la base des connaissances juridiques qui seront complétées par des cours facultatifs et cliniques permettant aux étudiants d'acquérir une expérience pratique. En outre, l'interaction constante avec les professeurs et les pairs, ainsi que la participation à des activités extrascolaires telles que les procès fictifs, les revues juridiques et l'aide à la recherche, enrichissent l'expérience éducative et professionnelle des étudiants en doctorat en droit.

Le programme de **Master of Laws (LL.M.)** est destiné aux juristes qui ont obtenu leur diplôme de droit dans un autre pays et qui souhaitent se spécialiser dans un domaine spécifique du droit américain ou international. Les programmes de LL.M. durent généralement un ou deux ans, en fonction des exigences de la juridiction et de l'orientation du programme.

Les LL.M. sont des programmes hautement spécialisés qui permettent aux juristes internationaux d'acquérir des connaissances avancées dans des domaines spécifiques tels que le droit international, le droit commercial, les droits de l'homme, le droit de l'environnement, etc. En raison de la durée plus courte du programme, les possibilités de choisir des cours au choix sont plus limitées. Par conséquent, la plupart des cours suivis sont des cours obligatoires qui permettent d'acquérir une solide compréhension du système juridique américain.

Il est essentiel de vérifier ses priorités et ses objectifs personnels avant de prendre une décision. Certains programmes de LL.M. sont conçus spécifiquement pour les étudiants qui souhaitent se spécialiser dans un domaine du droit et retourner dans leur pays d'origine pour y appliquer leurs connaissances. D'autre part, certains programmes visent à préparer les étudiants à pratiquer le droit aux États-Unis, en leur offrant une formation plus large et plus ciblée sur le système juridique américain.

Si vous souhaitez exercer aux États-Unis, vous devez choisir un programme qui vous prépare de manière adéquate à l'examen du barreau, car tous les programmes de LL.M. n'offrent pas cette préparation. Chaque État a ses propres exigences en matière de préparation à l'examen du barreau pour les avocats internationaux. Par exemple, certains États, comme New York, autorisent les titulaires d'un LL.M. à passer l'examen, tandis que d'autres ont des restrictions plus strictes. Il est essentiel de se renseigner sur les exigences spécifiques de la juridiction dans laquelle vous envisagez d'exercer et de contacter directement les services d'admission des universités pour obtenir des informations détaillées sur la manière dont leur programme de LL.M. vous prépare à l'examen du barreau.

Outre les cours, les programmes de LL.M. peuvent offrir des possibilités de stages dans des cabinets d'avocats, des entreprises, des organisations non gouvernementales et des agences gouvernementales. Ces expériences pratiques sont inestimables pour les étudiants étrangers, car elles leur permettent d'appliquer leurs connaissances dans des contextes réels et de construire des réseaux professionnels aux États-Unis.[1]

Le choix entre un programme J.D. et LL.M. dépend de vos objectifs de carrière, de votre formation antérieure et de votre intention de pratiquer le droit aux États-Unis. Le J.D. fournit une formation large et détaillée en droit américain, idéale pour ceux qui souhaitent obtenir une licence complète pour exercer dans n'importe quelle juridiction américaine. Le LL.M., quant à lui, offre une spécialisation avancée aux juristes internationaux qui souhaitent approfondir leurs connaissances dans des domaines spécifiques du droit américain ou international. La compréhension de ces différences vous aidera à prendre une décision éclairée en fonction de vos objectifs de carrière.

Recherche de Programmes et d'Universités

Le choix de l'université est un facteur essentiel pour sélectionner le bon programme de droit. Chaque université offre des atouts, des approches et des possibilités différents qui peuvent influencer votre formation et votre carrière. Pour prendre une décision éclairée, il est essentiel de tenir compte de plusieurs aspects clés lors de la recherche de programmes et d'universités.

Il est essentiel de se renseigner sur le prestige de l'université et du programme spécifique. Les universités dont les programmes de droit sont bien établis et mondialement reconnus peuvent offrir de meilleures possibilités de travail en réseau et d'emploi. Les classements établis par des publications

---

1 U. S. News & World Report fournit de bonnes comparaisons entre les deux programmes. Vous pouvez y accéder à l'adresse suivante : https://www.usnews.com/education/articles/getting-an-llm-degree-what-to-know

évaluées par des pairs peuvent donner un aperçu de la réputation académique des facultés de droit. Toutefois, il est important de ne pas fonder votre décision uniquement sur ces classements, mais de prendre également en compte d'autres facteurs en rapport avec vos objectifs professionnels et personnels.

Par ailleurs, l'emplacement de l'université peut influer sur vos perspectives de carrière et votre qualité de vie. Étudier dans une ville où le marché juridique est dynamique peut offrir davantage de possibilités de stages, d'emplois et de réseaux. En outre, la situation géographique influe également sur le coût de la vie, l'accès aux ressources et la constitution de réseaux dans la région où vous envisagez d'exercer. Certaines villes, comme New York, Los Angeles et Washington D.C., sont réputées pour les nombreuses opportunités qu'elles offrent dans le domaine juridique; toutefois, le coût de la vie y est extrêmement élevé et il est important de peser cet aspect dans la balance.

Certaines universités valorisent davantage les étudiants en LL.M. et leur diversité culturelle en leur offrant un environnement académique inclusif et favorable. Il est important d'identifier les programmes qui ne relèguent pas les étudiants en LL.M. à l'arrière-plan et qui offrent une intégration complète dans la vie académique et extrascolaire de l'université. L'examen des témoignages d'étudiants actuels et d'anciens étudiants peut donner un aperçu utile de la manière dont les étudiants en LL.M. sont appréciés et soutenus dans un établissement donné.

Le coût de l'éducation aux États-Unis est important et varie selon les universités et les programmes. Il est essentiel d'évaluer le coût total des frais de scolarité et des frais de subsistance sur le site de l'université. En outre, il est essentiel d'étudier les possibilités de bourses et d'autres formes d'aide financière. De nombreuses universités proposent des bourses spécifiques pour les étudiants étrangers et il est important de postuler à ces opportunités dès le début du processus d'admission. L'examen du rapport coût-bénéfice de l'éducation dans un établissement particulier vous aidera à prendre une décision financièrement responsable. Nous reviendrons sur ce point plus en détail dans la suite de l'ouvrage.

De même, l'évaluation des ressources et du soutien académique offerts par l'université est un autre aspect crucial. Il s'agit notamment de la qualité de la bibliothèque juridique, de l'accès aux bases de données juridiques et de l'existence de programmes de mentorat et de conseil académique. Les cliniques juridiques et les programmes de stage sont également importants, car ils permettent d'acquérir une expérience pratique inestimable pour votre formation et votre développement professionnel. Les universités qui offrent un soutien et des ressources académiques solides peuvent faciliter votre adaptation au système juridique américain et améliorer vos résultats académiques.

Parallèlement, il est important de tenir compte des possibilités de mise en réseau offertes par l'université. Les associations d'étudiants, les conférences, les événements de recrutement et les réseaux d'anciens étudiants sont des plateformes importantes pour nouer des relations professionnelles. En ce sens, il est toujours bon de se renseigner sur le type d'événements et d'activités de mise en réseau organisés par l'université, car cela vous permettra d'optimiser votre expérience académique et professionnelle.

Enfin, il est essentiel de planifier à long terme et d'examiner comment votre choix d'une université et d'un programme spécifiques s'aligne sur vos objectifs de carrière. Pour ce faire, vous devez vous renseigner sur les taux de réussite des diplômés en termes d'emploi, de salaires et de réussite à l'examen du barreau. En discutant avec d'anciens étudiants et des professionnels du secteur, vous pourrez vous faire une idée précise des opportunités et des défis qui se présenteront à vous à l'issue de votre cursus en droit.

Processus de Candidature

Une fois que vous avez choisi le bon programme, l'étape suivante consiste à entamer la procédure de candidature. Cette procédure peut être rigoureuse et détaillée, nécessitant une préparation minutieuse et la collecte de divers documents et matériels essentiels.

La première étape consiste généralement à obtenir des documents académiques. Les universités exigent généralement des relevés de notes officiels de tous les établissements d'enseignement que vous avez fréquentés. Ces relevés de notes doivent attester de vos résultats scolaires et du fait que vous avez rempli les conditions requises pour le programme auquel vous postulez. Il est important de demander ces relevés de notes le plus tôt possible, car le processus d'envoi et de vérification peut prendre du temps. Outre les relevés de notes, la plupart des candidatures exigent également des documents d'identification personnelle, tels qu'une copie de votre passeport. Cela permet à l'université de disposer d'informations correctes et à jour sur votre identité et votre citoyenneté.

Pour les étudiants étrangers, la certification de la maîtrise de l'anglais est une condition essentielle. Les universités acceptent souvent des examens reconnus tels que le TOEFL (Test of English as a Foreign Language), l'IELTS (International English Language Testing System) ou le DET (Duolingo English Test). Il est essentiel d'obtenir le score minimum requis par le programme auquel vous postulez, car cela démontre votre capacité à participer et à comprendre le contenu du cours.

Une autre partie importante du processus de candidature est l'échantillon de rédaction. Certains dossiers de candidature exigent un échantillon d'écriture qui démontre vos compétences en matière de rédaction juridique. Il peut s'agir d'un essai, d'un travail universitaire antérieur ou d'un document juridique que vous avez rédigé. L'échantillon de rédaction permet aux évaluateurs de déterminer votre capacité à communiquer efficacement et avec précision en anglais.

Les lettres de recommandation sont également un élément essentiel du processus de candidature. Ces lettres doivent émaner de professeurs, d'employeurs ou de professionnels qui peuvent parler de vos capacités académiques, professionnelles et personnelles. Il est conseillé de choisir des personnes qui vous connaissent bien et qui peuvent fournir une évaluation détaillée et positive de vos capacités et de votre potentiel.

Outre les lettres de recommandation, un curriculum vitae (curriculum) actualisé contenant votre expérience académique et professionnelle est une autre exigence courante. Ce document doit mettre en évidence vos réalisations, vos compétences et vos expériences pertinentes qui font de vous un bon candidat pour le programme. Veillez à ce que votre curriculum soit bien structuré et ne contienne pas d'erreurs.

La déclaration d'intention est un élément essentiel de votre candidature. Cet essai personnel vous permet d'expliquer vos objectifs et vos motivations pour étudier dans le programme spécifique auquel vous postulez. Il doit inclure vos objectifs de carrière à court et à long terme, les raisons pour lesquelles vous avez choisi cette université en particulier et la manière dont vous pensez que le programme vous aidera à atteindre vos objectifs. La déclaration d'intention doit être claire, concise et bien rédigée, et démontrer votre passion et votre engagement pour le domaine du droit.

Il est essentiel de veiller à ce que tous les documents soient soigneusement vérifiés avant d'être soumis. Il est essentiel d'éviter les fautes d'orthographe et de grammaire, car la qualité de la rédaction, de l'organisation et de la présentation des documents est la première impression que les évaluateurs auront des candidats. Il est toujours conseillé de demander l'aide de professeurs ou d'universitaires pour relire la documentation et s'assurer qu'elle reflète le professionnalisme et l'exactitude. Ce souci du détail renforce non seulement la crédibilité du candidat, mais lui permet également de se distinguer positivement des autres candidats, augmentant ainsi ses chances d'être évalué favorablement par les comités d'admission ou de sélection.

Après avoir déposé votre candidature, il est important que vous soyez prêt à fournir tout document supplémentaire que l'université pourrait exiger. Il peut s'agir d'entretiens, de tests supplémentaires ou de précisions sur votre expérience universitaire et professionnelle. Restez en contact avec les bureaux d'admission et répondez rapidement à toute demande d'information supplémentaire.

Pendant la période d'attente, il est utile de continuer à faire des recherches sur la vie universitaire et professionnelle aux États-Unis. Cela vous permettra d'être mieux préparé à la transition et de tirer le meilleur parti de votre expérience éducative. Entrez en contact avec des étudiants actuels et d'anciens étudiants pour obtenir des informations sur leur expérience et des conseils sur la manière de réussir dans le programme.

Choisir le bon programme d'études juridiques est l'une des décisions les plus importantes que vous prendrez au cours de votre carrière juridique. Qu'il s'agisse de comprendre les différences entre les programmes J.D. et LL.M., de rechercher les universités et leurs exigences spécifiques ou de préparer un dossier de candidature solide, chaque étape est cruciale pour assurer votre réussite future. Prenez le temps de faire des recherches et de réfléchir aux options qui s'offrent à vous, et n'hésitez pas à demander des conseils et de l'aide au cours de ce processus. Avec une bonne préparation, vous serez en mesure de trouver le programme qui répond le mieux à vos besoins et à vos aspirations professionnelles.

2

DEMANDER UN VISA D'ÉTUDIANT

Entrer dans l'arène juridique américaine implique un processus de préparation rigoureux, et l'une des premières étapes, et la plus cruciale, est l'obtention du visa d'étudiant adéquat. Si vous n'êtes pas citoyen américain ou résident permanent, vous aurez besoin d'un visa pour étudier à long terme. Le visa d'étudiant le plus courant est le visa F-1. Vous trouverez ci-dessous l'ensemble de la procédure et des conditions requises pour demander et obtenir ce visa, ainsi que les étapes à suivre pour garantir une entrée en douceur aux États-Unis.[2]

Il existe deux grandes catégories de visas de non-immigrant pour les personnes souhaitant étudier aux États-Unis : les visas F et M. Ces visas sont conçus pour permettre aux étudiants internationaux d'entrer aux États-Unis et de participer à des programmes d'enseignement à temps plein.

1. Visa F-1 : ce visa est destiné aux étudiants universitaires qui souhaitent s'inscrire à un programme d'enseignement dans une université, un collège, un séminaire, un conservatoire, un lycée ou une école primaire, ou à un

---

[2] Pour plus d'informations sur les types de visas et les conditions à remplir, consultez le site web du Département d'État : https://travel.state.gov/content/travel/en/us-visas/study/student-visa.html.

programme de formation linguistique. Le visa F-1 permet aux étudiants de s'inscrire à des programmes qui aboutissent à l'obtention d'un diplôme ou d'un certificat. Pour obtenir ce visa, votre école doit être autorisée par le gouvernement américain à accueillir des étudiants internationaux.

2. Visa M-1 : ce visa est destiné aux étudiants en formation professionnelle ou non universitaire. Bien qu'il ne soit pas couramment utilisé par les étudiants en droit, il est important de le connaître au cas où il serait nécessaire pour d'autres types de formation.

Conditions d'Obtention du Visa F-1

Pour obtenir un visa F-1, vous devez répondre aux critères suivants :

1. Être inscrit à un programme d'enseignement « académique », à un programme de formation linguistique ou à un programme professionnel.

2. L'école doit être approuvée par le programme SEVIS (Student and Exchange Visitor Program) du Ministère de la Sécurité Intérieure (DHS).

3. Être inscrit comme étudiant à temps plein dans l'établissement.

4. Maîtriser l'anglais ou être inscrit à des cours menant à la maîtrise de l'anglais.

5. Disposer de fonds suffisants pour subvenir à vos besoins tout au long du programme d'études proposé.

6. Conserver une résidence à l'étranger que vous n'avez pas l'intention d'abandonner.

En ce sens, vous devez d'abord être accepté dans un programme d'études dans une université américaine. Une fois accepté, vous recevrez un formulaire I-20 (Certificat d'éligibilité au statut d'étudiant non immigrant). Ce formulaire certifie que vous êtes éligible au statut d'étudiant F-1 et que vous disposez de fonds suffisants pour subvenir à vos besoins pendant vos études.

Procédure d'Obtention du Formulaire I-20

Avant de déposer une demande de visa F-1 auprès de l'ambassade de votre pays, vous devez demander à l'université de vous délivrer un formulaire I-20. Ce document atteste que vous disposez de fonds suffisants pour couvrir votre séjour à l'université. Le formulaire I-20 est un document du gouvernement américain que les universités utilisent pour certifier que vous êtes éligible au statut d'étudiant F-1. Pour obtenir ce formulaire, vous devez remplir certaines conditions :

1. Être ou s'attendre à être un étudiant « bona fide ». Il s'agit d'un étudiant de bonne foi inscrit à un programme universitaire légitime aux États-Unis.

2. Satisfaire aux conditions d'admission de l'université.

3. Suivre un programme d'études complet.

4. Démontrez que vous disposez de fonds suffisants pour étudier et vivre aux États-Unis sans travailler illégalement ou vivre dans la pauvreté.

Tous les étudiants étrangers n'ont pas besoin d'un I-20. Par exemple, les étudiants J-1 ont besoin d'un formulaire DS-2019, et les personnes à charge F-2 qui souhaitent étudier à temps plein doivent obtenir un I-20 et changer leur statut pour celui d'étudiant F-1. Si vous avez un autre statut de non-immigrant aux États-Unis, il se peut que vous n'ayez pas besoin d'un I-20 et que vous puissiez suivre des cours si la loi l'autorise.

Pour obtenir votre formulaire I-20, vous devez être accepté dans un programme d'études à temps plein et prouver que vous pouvez couvrir les coûts de la vie et des études aux États-Unis. Il est important de consulter le document de l'université intitulé « Estimation des besoins financiers annuels des étudiants étrangers » et d'estimer vos frais annuels. C'est le montant que vous devez prouver que vous pouvez couvrir pour la première année d'études. Il est recommandé de prévoir un budget supérieur d'au moins 10 % pour éviter les problèmes financiers.

Le soutien financier peut provenir de diverses sources, tant à l'intérieur qu'à l'extérieur des États-Unis. Il est possible d'avoir des parrains qui vous fourniront une aide financière ou vous logeront et vous nourriront gratuitement. Il est recommandé qu'une partie de l'aide financière provienne de votre pays d'origine, car cela est important pour l'obtention de votre visa d'étudiant. Les parrains ne doivent promettre que la somme d'argent qu'ils peuvent réellement fournir, car une raison fréquente de refus de visa est que l'agent consulaire n'est pas convaincu que le parrain peut fournir ce qu'il a promis. Si vous disposez de fonds personnels, vous devez prouver que vous avez suffisamment d'argent pour couvrir la totalité de votre programme d'études ou que vous avez d'autres revenus personnels.

Pour prouver votre capacité financière, vous devez fournir plusieurs documents :

- **Parrains de soutien financier :** vous devez soumettre une déclaration sous serment annuelle de soutien financier et il est conseillé d'y joindre une preuve de revenu, telle qu'une lettre de votre employeur, des déclarations d'impôts ou des documents d'investissement. Si vous êtes parrainé par une entreprise, vous devez présenter le dernier État des pertes et profits de l'entreprise, ainsi qu'une déclaration officielle du salaire versé au propriétaire/promoteur.

- **Parrains de la pension** et **de l'hébergement gratuits :** doivent soumettre une déclaration sous serment de pension et d'hébergement gratuits et des copies de documents tels qu'un bail ou des factures d'électricité et de gaz.

Il est important de ne pas entrer aux États-Unis avec un visa B-1, B-2 ou B-1/B-2 si vous avez l'intention d'étudier, car cela peut être considéré comme une « entrée frauduleuse » et pourrait entraîner un refus de prolongation ou de changement de statut. Il est interdit aux titulaires d'un visa B de suivre un programme d'études complet avant d'obtenir un changement de statut F-1.

Si vous êtes transféré d'une école américaine à votre école d'origine, vous devez remplir une procédure spéciale de transfert d'école afin de conserver votre statut F-1. Cette procédure doit être effectuée dans les 15 jours suivant le début des cours. Vous devez remplir et soumettre la demande I-20 et les preuves de soutien financier requises, et informer votre ancienne école du transfert afin que le dossier d'immigration soit transmis à la nouvelle école. Si vous prévoyez de voyager en dehors des États-Unis avant le début des cours, l'université peut envoyer votre I-20 de transfert à l'étranger.

Enfin, il est essentiel d'examiner toutes les exigences spécifiques que le Bureau des étudiants étrangers peut demander et de s'y conformer à la lettre.

Après Réception du Formulaire I-20

Une fois que vous aurez reçu votre formulaire I-20, vous devrez suivre plusieurs étapes importantes pour assurer votre transition vers les États-Unis en tant qu'étudiant étranger :

1. Examinez et signez l'I-20.

Il est essentiel que vous examiniez le formulaire I-20 pour vous assurer que toutes les informations sont correctes. Si vous trouvez des erreurs, informez-en immédiatement le bureau des services internationaux. Signez et datez le formulaire I-20 à l'encre bleue au bas de la première page.

2. Payez les frais SEVIS I-901 de $350.[3]

Pour payer en ligne, visitez fmjfee.com, remplissez le formulaire I-901 en ligne et payez à l'aide d'une carte de crédit ou de débit. Veillez à saisir votre nom exactement comme il apparaît sur le formulaire I-20 et à inclure votre numéro d'identification SEVIS et le code de l'établissement d'enseignement supérieur. Imprimez une copie du reçu en ligne et apportez-la avec vous lors de votre rendez-vous pour l'obtention du visa et lors de votre voyage aux États-Unis.[4]

3. Demandez un visa d'étudiant dès que possible.

---

[3] Le montant spécifique de la taxe peut être modifié à la discrétion du département d'État.

[4] Vous trouverez de plus amples informations sur le site web du ministère de la sécurité intérieure (DHS) : https://studyinthestates.dhs.gov/site/about-sevis.

Pour faire votre demande, visitez travel.state.gov pour trouver le consulat ou l'ambassade des États-Unis le plus proche de chez vous. Vous devez demander le visa dans le pays de votre résidence permanente et ne pouvez pas le demander plus de 120 jours avant la date de début indiquée sur votre I-20. Les procédures de demande, les exigences et les délais de traitement peuvent varier. Il est donc important de contacter l'ambassade ou le consulat des États-Unis le plus proche pour obtenir des instructions spécifiques. Pour ce faire, vous devez remplir le formulaire DS-160, qui est le formulaire de demande en ligne de visa de non-immigrant. Vous devez le remplir et télécharger une photo de vous conformément aux exigences spécifiques.

Entretien pour le Visa d'Étudiant

Lors de la préparation de l'entretien de visa, il est essentiel d'être bien informé des règles et d'être prêt à répondre efficacement aux questions de l'agent consulaire. Voici quelques points clés à garder à l'esprit.

La loi présume que les demandeurs de visa ont l'intention de rester aux États-Unis de façon permanente. Il est donc essentiel de convaincre l'agent consulaire que vous retournerez dans votre pays d'origine à la fin de vos études. Ne vous découragez pas si l'agent est sceptique, car la principale raison du refus d'un visa est de ne pas l'avoir convaincu de votre intention de retourner dans votre pays d'origine.

Vous devez avoir un objectif académique clair et valable aux États-Unis. Vous devez notamment démontrer vos qualifications et expliquer comment vos études vous prépareront à une carrière dans votre pays d'origine. En outre, vous devez prouver que vous disposez de ressources financières suffisantes pour subvenir à vos besoins pendant la durée de votre programme d'études. N'oubliez pas d'être bref, honnête et direct dans vos réponses.

En prévision de l'entretien, vous devez être prêt à expliquer pourquoi vous souhaitez étudier aux États-Unis, pourquoi vous avez choisi le programme d'études et l'université, et comment ces études vous prépareront à une carrière dans votre pays d'origine. Présentez les preuves de vos qualifications académiques et les documents financiers originaux que vous avez fournis à l'université, en veillant à ce qu'ils correspondent exactement aux informations figurant sur le formulaire I-20.

Il est essentiel de prouver que vous avez des liens étroits avec votre pays d'origine. Il peut s'agir d'une preuve de résidence permanente, telle qu'une copie de l'acte de propriété ou du bail de votre maison. Si votre famille possède une entreprise, fournissez une lettre de la banque la décrivant ou des copies des actes de propriété. Si vous vous êtes déjà rendu aux États-Unis en tant que visiteur, insistez sur le fait que vous êtes retourné dans votre pays d'origine. Une lettre d'un employeur potentiel dans votre pays indiquant qu'il est intéressé par l'embauche de personnes titulaires du diplôme que vous allez recevoir peut également être utile. De même, si vous avez des frères et sœurs qui ont étudié aux États-Unis et y sont retournés, fournissez une copie de leur diplôme et une déclaration de leur employeur.

Évitez d'insister sur les liens que vous avez avec des personnes ou des parents aux États-Unis. Pratiquez l'anglais, car on attend de vous que vous parliez anglais et que vous montriez votre score au TOEFL à l'agent consulaire, sauf si votre I-20 indique que vous étudierez l'anglais sur le campus. Ne mentionnez pas le fait de travailler aux États-Unis, sauf si vous bénéficiez d'un poste d'assistant d'enseignement ou d'une bourse d'études. Vous devez prouver que vous pouvez couvrir les frais d'études et de séjour aux États-Unis, car l'emploi est strictement contrôlé par les services d'immigration et n'est pas garanti.

Si vous avez commencé vos études avec un autre statut de non-immigrant et que vous êtes ensuite passé au statut F-1, soyez prêt à expliquer comment votre objectif initial aux États-Unis est devenu celui d'un étudiant à temps plein. Fournissez des copies de vos relevés de notes attestant de vos études.

Au cours de l'entretien, vous saurez si votre visa a été approuvé ou refusé. En cas d'approbation, vous serez informé de la date à laquelle le visa sera disponible dans votre passeport. En cas de refus, il est conseillé de vous adresser au bureau des étudiants étrangers de votre université pour obtenir des conseils sur la manière de renforcer votre dossier.

Préparatifs pour votre Arrivée aux États-Unis

Pour faciliter votre arrivée aux États-Unis en tant qu'étudiant F-1, il est important que vous soyez bien informé de ce qui vous attend. L'entrée aux États-Unis peut vous être refusée si vous tentez d'arriver plus de 30 jours avant la date de début du programme universitaire figurant sur votre formulaire I-20. Vous devez être en possession de certains documents à votre arrivée et ils ne doivent pas être enregistrés dans vos bagages.[5] Si vos bagages sont perdus ou retardés, vous ne pourrez pas présenter les documents au point d'entrée, ce qui pourrait vous empêcher d'entrer aux États-Unis. Les documents requis sont les suivants :

1. Un passeport valable au moins six mois après la date de fin du

---

[5] Pour des informations complètes sur la procédure d'entrée, veuillez consulter la page suivante : https://educationusa.state.gov/your-5-steps-us-study/prepare-your-departure

programme.

2. Le visa F-1 (l'agent consulaire peut tamponner vos documents d'immigration dans une enveloppe et les joindre à votre passeport).

3. Le formulaire I-20.

4. Le nom et les coordonnées de votre responsable scolaire désigné, y compris un numéro de téléphone à contacter en cas d'urgence 24 heures sur 24.

En outre, il est recommandé d'apporter

- Tests de ressources financières.

- Une preuve de votre statut d'étudiant, telle que des reçus de frais de scolarité et des relevés de notes récents.

- Un reçu papier pour les frais SEVIS, le formulaire I-797.

Arrivée à Votre Point d'Entrée

Rendez-vous directement dans la zone du terminal réservée aux passagers qui arrivent. Munissez-vous des documents suivants : votre passeport, le formulaire SEVIS (I-20) et le formulaire de déclaration en douane (CF-6059). Il vous sera demandé d'indiquer la raison de votre entrée aux États-Unis et de fournir des informations sur votre destination finale. Il est important d'informer l'agent des douanes et de la protection des frontières des États-Unis que vous serez étudiant, ainsi que du nom et de l'adresse de l'université dans laquelle vous serez inscrit. Une fois l'inspection terminée, l'agent apposera un cachet sur votre passeport pour la durée du statut (« D/S ») pour les détenteurs de visa F-1.

Arrivée et Adaptation

Enfin, lorsque vous arrivez aux États-Unis, veillez à vous préparer à votre nouvelle vie d'étudiant. Vous devez notamment vous familiariser avec votre environnement, vous adapter aux coutumes locales et vous assurer que vous respectez toutes les réglementations en matière d'immigration et les exigences académiques. Le bureau des services aux étudiants et boursiers internationaux de votre université sera une source inestimable de soutien et de conseils pendant votre séjour aux États-Unis.

Préparez-vous à Vivre Loin de Chez Vous

Vivre dans un pays étranger peut être un défi culturel et émotionnel. Il est important de vous préparer à vous adapter à un nouvel environnement social et culturel. En vous familiarisant avec les coutumes, les traditions et les normes sociales de votre pays d'accueil, vous vous intégrerez plus facilement et éviterez les malentendus. En outre, la participation à des activités extrascolaires et à des communautés d'étudiants peut enrichir votre expérience et vous aider à constituer un réseau de soutien.

Vous ne devez pas négliger votre bien-être physique et émotionnel. La vie d'un étudiant peut être stressante, et le fait d'être loin de chez soi peut ajouter à ce stress. Il est essentiel que vous trouviez un équilibre entre vos responsabilités académiques et votre bien-être personnel. Assurez-vous de connaître les ressources en matière de santé et de bien-être disponibles dans votre université et n'hésitez pas à demander de l'aide si vous en avez besoin.

Il est essentiel de trouver un groupe de soutien, des amis et d'autres étudiants au sein de l'université pour surmonter les moments difficiles de la vie loin de chez soi. S'entourer de personnes qui vivent des expériences similaires peut vous apporter non seulement un soutien émotionnel et social, mais aussi une aide pratique sur le plan académique. Ce cercle de soutien procure un sentiment d'appartenance et de compréhension qui vous permet de relever ensemble les défis de l'adaptation culturelle et les exigences du programme d'études. En outre, le fait d'avoir des amis et des camarades de classe facilite l'échange d'idées, de ressources et de stratégies qui enrichissent à la fois l'apprentissage et la vie quotidienne.

Une préparation complète à cette expérience vous permettra non seulement d'atteindre vos objectifs académiques, mais aussi de vous développer sur le plan personnel et professionnel.

Vaccination et assurance maladie

Pour pouvoir s'inscrire dans une université aux États-Unis, il est essentiel que les étudiants étrangers remplissent tous les formulaires de vaccination et d'assurance maladie requis par l'établissement.

La Loi sur la Santé Publique de l'État de New York, représentative de nombreuses juridictions aux États-Unis, exige que tous les élèves nés le 1er janvier 1957 ou après cette date soient vaccinés contre la rougeole, les oreillons et la rubéole. Les élèves doivent présenter un document attestant qu'ils ont reçu deux doses de vaccin contre la rougeole et une dose contre les oreillons et la rubéole avant la rentrée scolaire. Sans cette documentation, les élèves ne seront pas autorisés à assister aux cours. Cette exigence vise à protéger la santé publique et à prévenir les épidémies de maladies transmissibles dans l'environnement universitaire.

Lors de leur inscription dans la plupart des universités, tous les étudiants titulaires d'un visa F-1 ou J-1 sont automatiquement affiliés au régime d'assurance maladie obligatoire de l'établissement. Cette cotisation semestrielle est incluse dans la facture avec les autres frais universitaires au moment de l'inscription. Les étudiants ayant d'autres statuts d'immigration ont également la possibilité de souscrire à ce régime s'ils le souhaitent.

Il est essentiel que les étudiants étrangers examinent attentivement les prestations de l'assurance maladie, les réseaux de prestataires et les conditions de couverture. Être bien informé sur l'assurance maladie permet non seulement de se conformer aux exigences de l'université, mais aussi d'avoir l'esprit tranquille et d'être en sécurité en cas d'urgence médicale. Pour plus d'informations sur les prestations de l'assurance, les étudiants peuvent s'adresser au bureau des services de santé de leur université.

3

PARLONS D'ARGENT

Les programmes d'études aux États-Unis sont souvent extrêmement coûteux, en particulier pour les personnes originaires de pays où la monnaie d'entrée n'est pas le dollar américain. Il est donc essentiel de penser au financement du programme avant même de déposer votre candidature officielle. La planification financière est une étape essentielle pour que votre expérience éducative à l'étranger soit gérable et réussie.

Comme nous l'avons vu plus haut, lorsque vous demandez un visa d'étudiant, l'une de vos principales préoccupations est de démontrer que vous avez les moyens financiers de couvrir tous les coûts liés à vos études et à votre séjour aux États-Unis. Les autorités consulaires exigent des preuves claires et convaincantes que vous pouvez subvenir à vos besoins financiers sans avoir besoin de travailler illégalement. Il s'agit notamment de montrer que vous disposez de fonds suffisants pour couvrir les frais de scolarité, le logement, les livres et les autres dépenses personnelles.

Il est recommandé de préparer un plan financier détaillé incluant toutes les ressources financières disponibles, telles que l'épargne personnelle, les bourses, les prêts et le soutien financier des membres de la famille. En outre, vous devez être prêt à présenter des documents justificatifs, tels que des relevés bancaires, des lettres de parrainage et toute autre preuve financière exigée par l'ambassade ou le consulat.

Comparaison des Coûts des Universités de Droit aux États-Unis

Le choix d'une école de droit aux États-Unis implique la prise en compte de plusieurs facteurs, dont le coût n'est pas le moindre. Vous trouverez ci-dessous un tableau comparant les frais de scolarité et le coût approximatif de la vie dans certaines des facultés de droit les plus prestigieuses du pays. Ces informations sont essentielles pour les étudiants étrangers qui doivent planifier leur budget et rechercher un financement adéquat pour leurs études.

Université	Frais de scolarité (approximatifs)	Durée	Localisation du campus	Coût de la vie (approximatif)
Harvard Law School	77 100 $ par an	1 an	Cambridge, MA	29 100 $ par an
Yale Law School	74 044 $ par an	1 an	New Haven, CT	22 800 $ par an
Stanford Law School	74 475 $ par an	1 an	Stanford, CA	28 191 $ par an
Columbia Law School	78 444 $ par an	1 an	New York, NY	25 797 $ par an
University of Chicago Law School	76 479 $ par an	1 an	Chicago, IL	21 543 $ par an
New York University School of Law	76 878 $ par an	1 an	New York, NY	26 800 $ par an
University of California, Berkeley Law	73 000 $ par an	1 an	Berkeley, CA	26 014 $ par an
Georgetown University Law Center	82 264 $ par an	1 an	Washington, D.C.	25 364 $ par an
University of Michigan Law School	73 584 $ par an	1 an	Ann Arbor, MI	18 788 $ euros par an

Le tableau ci-dessus met en évidence la variabilité des frais de scolarité et du coût de la vie entre les différentes facultés de droit aux États-Unis.

Ces coûts peuvent influencer de manière significative votre décision et votre planification financière. Outre les frais de scolarité, les étudiants doivent tenir compte du coût de la vie dans la ville où se trouve l'université et du coût des livres, qui sont souvent plus élevés que dans d'autres pays. Il est conseillé de consulter les sites officiels des universités pour obtenir les informations les plus précises et les plus récentes.[6]

Recherche d'Accords entre Universités ou Institutions Gouvernementales

Une option viable pour financer vos études aux États-Unis consiste à vérifier s'il existe des accords entre votre université d'origine et des universités américaines. De nombreux établissements ont conclu des partenariats qui permettent aux étudiants de bénéficier de réductions sur les frais de scolarité ou de programmes d'échange qui réduisent considérablement les coûts.

En outre, certains gouvernements proposent des programmes de financement ou de bourses pour les étudiants souhaitant étudier à l'étranger. Ces programmes sont souvent conçus pour promouvoir les échanges éducatifs et culturels et peuvent fournir des fonds suffisants pour couvrir une partie ou la totalité des frais d'études.

Subventions aux Associations d'Avocats

Les associations d'avocats, tant aux États-Unis que dans votre pays d'origine, peuvent constituer une excellente source de financement. Ces organisations proposent souvent des bourses spécifiques pour les étudiants en droit qui ont obtenu d'excellents résultats académiques et qui s'engagent fermement dans la profession juridique.

Les bourses des barreaux n'apportent pas seulement un soutien financier, mais peuvent également offrir des possibilités de mise en réseau et de développement professionnel. Il est important de rechercher et de postuler à autant de bourses que possible afin de maximiser vos chances de recevoir un financement.

---

[6] Chaque université calcule elle-même le coût de la vie approximatif pour ses étudiants. Les informations contenues dans ce tableau proviennent des différents sites web des universités mentionnées et varient d'une année à l'autre. Il est donc important de toujours vérifier la version la plus récente.

FAFSA et Prêts Étudiants

Pour les résidents et les citoyens américains, la **Free Application for Federal Student Aid (FAFSA)** est un outil essentiel pour obtenir une aide financière. Grâce au FAFSA, les étudiants peuvent accéder à une variété d'aides fédérales, y compris des prêts étudiants, des bourses et des programmes d'alternance.

Bien que les étudiants étrangers ne soient pas éligibles à la plupart des aides fédérales, certains peuvent bénéficier de prêts privés ou institutionnels proposés par les universités. Il est essentiel d'explorer toutes les options disponibles et de comprendre les conditions de chaque prêt, y compris les taux d'intérêt et les modalités de remboursement.

Prêts Étudiants dans Votre Pays d'Origine

Une autre option pour financer vos études est de contracter des prêts étudiants dans votre pays d'origine. De nombreuses institutions financières proposent des prêts spécialement conçus pour les étudiants qui prévoient d'étudier à l'étranger. Ces prêts peuvent être assortis de conditions favorables et de taux d'intérêt moins élevés que les prêts privés aux États-Unis.

Avant de demander un prêt, il est essentiel de comparer les taux d'intérêt, les frais et les autres facilités spécifiques aux étudiants. Cette comparaison vous permet de prendre des décisions financières en connaissance de cause et de trouver l'option qui répond le mieux à vos besoins individuels, garantissant ainsi des conditions favorables pour le remboursement après les études aux États-Unis. Pensez également à l'impact du taux de change entre votre monnaie locale et le dollar américain sur les paiements.

Bourses et Aides Offertes par l'Université

De nombreuses facultés de droit américaines proposent des bourses, des subventions et des aides financières afin de réduire le coût des programmes de LL.M. Ces possibilités de financement peuvent être basées sur le mérite, les besoins ou une combinaison des deux. Il est essentiel de faire des recherches et de se renseigner sur les bourses et les options de financement disponibles dans les universités qui vous intéressent. Certains établissements proposent également des postes d'assistants diplômés, qui peuvent impliquer des responsabilités de recherche ou d'enseignement en échange d'une exonération des frais de scolarité ou d'une allocation.

Les **bourses au mérite** sont attribuées sur la base de résultats académiques, professionnels ou personnels exceptionnels. D'autre part, les bourses fondées sur les besoins sont attribuées en fonction de la situation financière de l'étudiant et de sa capacité à payer les frais d'éducation.

Certaines universités proposent des **postes d'assistants diplômés**, qui comprennent des responsabilités telles que la recherche ou l'enseignement. Ces postes peuvent donner lieu à une exonération partielle ou totale des frais de scolarité et, dans certains cas, à une allocation destinée à couvrir les frais de subsistance.

Lorsque vous sollicitez ces subventions, il est important d'examiner attentivement les critères d'éligibilité, les dates limites de dépôt des demandes et les procédures propres à chaque subvention ou aide. Pour maximiser vos chances de recevoir un financement, il est essentiel de planifier à l'avance et de soumettre une demande bien documentée et dans les délais impartis.

Opportunités internationales

Outre les bourses offertes par les universités, il existe de nombreuses possibilités de financement international externe pour les étudiants en LL.M. Celles-ci peuvent provenir de fondations privées, de programmes gouvernementaux ou de diverses organisations d'échanges culturels. En voici quelques-unes :

- **Le programme Fulbright** : offre des bourses pour des études supérieures aux États-Unis et est accessible aux étudiants de nombreux pays. Les bourses Fulbright sont très compétitives et visent à favoriser la compréhension mutuelle entre les peuples des États-Unis et d'autres pays.

- **Joint Japan-World Bank Graduate Scholarship Programme** : ce programme apporte un soutien financier aux étudiants des pays en développement qui souhaitent suivre des programmes d'études supérieures dans diverses disciplines, y compris le droit, dans des universités aux États-Unis.

- **Programmes d'échanges culturels** : plusieurs organisations promeuvent des programmes d'échanges culturels qui incluent le financement des études de LL.M. Ces programmes visent non seulement à favoriser les connaissances académiques, mais aussi la compréhension culturelle entre les étudiants de différents pays.

- **Fondations et organisations privées** : il existe de nombreuses fondations et organisations privées qui offrent des bourses aux étudiants étrangers. Ces bourses peuvent s'adresser à des étudiants originaires de certains pays, à des domaines d'études spécifiques ou à des étudiants présentant certaines caractéristiques et réalisations.

Lorsque vous explorez ces possibilités, il est essentiel de faire des recherches approfondies et de planifier à l'avance. Chaque programme et chaque organisation ont leurs propres critères d'éligibilité et leurs propres dates limites de dépôt des candidatures. En soumettant une demande complète et bien étayée, vous augmentez considérablement vos chances d'obtenir un financement.

En résumé, bien que le coût des études de LL.M. aux États-Unis puisse être élevé, il existe de nombreuses possibilités de financement, tant par les universités que par des sources extérieures. L'essentiel est d'effectuer des recherches proactives et de planifier à l'avance afin d'obtenir le soutien financier nécessaire à votre formation.

4

CHOSES À SAVOIR À L'AVANCE

À ce stade, vous avez déjà choisi le programme de votre choix et vous avez probablement réfléchi à la manière de gérer votre visa d'étudiant et de planifier le financement de vos études. Cependant, avant de vous lancer dans cette aventure académique et professionnelle passionnante, il est essentiel que vous vous prépariez de manière adéquate aux défis et aux opportunités que vous rencontrerez en cours de route.

Étudier à l'étranger, en particulier dans un établissement américain, implique non seulement un changement d'environnement académique, mais aussi de mode de vie. S'adapter à une nouvelle culture, à un nouveau système éducatif et à un nouvel environnement social exige de la préparation et de la flexibilité. De la compréhension des exigences académiques et légales à la gestion de vos finances et de votre bien-être personnel, il y a plusieurs choses à prendre en compte pour garantir une expérience réussie et enrichissante.

Anglais pour l'école de droit américaine

Si vous êtes inscrit à un programme de LL.M., il est probable que l'université inclura ou proposera un cours d'anglais juridique, généralement appelé « **English for American Law School** » (EALS) ou une terminologie similaire. L'EALS est un cours de courte durée qui a lieu avant le début du semestre normal. Il est spécialement conçu pour aider les juristes formés à l'étranger à améliorer leur connaissance du système juridique américain et leur vocabulaire avant de commencer leurs études de LL.M. Ce cours est également ouvert à tous les professionnels qui souhaitent améliorer leur anglais juridique afin d'obtenir un avantage dans leur carrière.

L'objectif principal de l'EALS est de fournir aux étudiants les outils nécessaires pour réussir dans un environnement juridique américain. Les étudiants seront encadrés par des avocats ayant une grande expérience de l'enseignement à des personnes dont l'anglais n'est pas la langue maternelle. Les modules d'apprentissage comprennent :

- Principes fondamentaux du système juridique américain : les étudiants reçoivent une introduction détaillée au système juridique américain, y compris sa structure et son fonctionnement.

- Rédaction juridique et argumentation : l'accent est mis sur la rédaction juridique et sur la manière de développer et de présenter efficacement des arguments juridiques.

- Lecture de textes juridiques : les étudiants apprennent à lire et à comprendre la jurisprudence américaine, les lois et d'autres textes juridiques.

Ces modules d'apprentissage comprennent des cours magistraux, des discussions, des travaux écrits et d'autres exercices qui aideront les étudiants à acquérir les connaissances, les compétences et la confiance nécessaires pour fonctionner dans l'environnement juridique américain.

Participer à un programme EALS ne facilite pas seulement la transition académique vers le système juridique américain, mais fournit également une base solide pour la réussite professionnelle. Les étudiants développent une compréhension approfondie des principes juridiques, améliorent leurs compétences en matière de communication et acquièrent la confiance nécessaire pour interagir efficacement avec leurs collègues et leurs clients dans un contexte juridique américain.

En résumé, le programme EALS est un investissement précieux pour tout juriste international souhaitant poursuivre un LL.M. aux États-Unis. Il permet non seulement d'améliorer les compétences linguistiques et juridiques, mais aussi de préparer les étudiants aux exigences académiques et professionnelles de l'environnement juridique américain.

Système juridique des États-Unis

Le système juridique américain est complexe et multiforme, combinant des éléments de la tradition de la common law avec ses propres innovations. Ce système est basé sur la Constitution américaine, qui établit les principes fondamentaux, la structure, le cadre du gouvernement et ses relations avec les États et les citoyens. Outre la Constitution, le droit américain se compose de lois statutaires, de règlements administratifs et d'une vaste jurisprudence issue des décisions judiciaires. Une compréhension approfondie de ce système est essentielle pour tout juriste international souhaitant étudier ou exercer aux États-Unis, car il influence tous les aspects du droit et de la pratique juridique dans le pays.

Common law, stare decisis et Rule of Law

L'une des caractéristiques du système juridique des États-Unis est sa tradition de « ***common law*** ». La *common law* est un type de droit qui découle de décisions judiciaires plutôt que de lois écrites ou de statuts. À l'origine, les tribunaux américains ont créé des règles de *common law* basées sur la *common law* anglaise. Cela s'est poursuivi jusqu'à ce que le système juridique américain devienne suffisamment mature pour développer ses propres règles de *common law*, soit à partir de précédents directs, soit par analogie avec des domaines juridiques similaires déjà tranchés.[7]

En bref, la *common law* est fondée sur la jurisprudence et les décisions judiciaires antérieures. Les juges utilisent ces décisions antérieures comme référence pour résoudre les affaires en cours, assurant ainsi la cohérence et la continuité de l'interprétation et de l'application du droit. Cela permet au système juridique d'évoluer et de s'adapter à de nouvelles circonstances sans qu'il soit nécessaire de procéder à des changements législatifs formels. La compréhension de cette tradition de *common law* est essentielle pour tout étudiant en droit international qui envisage d'étudier ou de pratiquer aux États-Unis, car elle influence considérablement la manière dont les lois sont interprétées et appliquées dans le pays.

Pour comprendre la *common law* et la valeur du précédent, il est nécessaire de comprendre la doctrine du ***stare decisis***. Ce principe est au cœur du système judiciaire américain et stipule que les tribunaux doivent suivre les précédents établis dans les décisions judiciaires antérieures. En latin, *stare decisis* signifie « s'en tenir à ce qui a été décidé ». Cela signifie que lorsqu'un tribunal est saisi d'une affaire, il doit fonder sa décision sur les décisions rendues par les tribunaux précédents sur des questions similaires.[8] Pour qu'un précédent soit contraignant, la juridiction précédente doit avoir autorité sur la juridiction

---

[7] Définition adaptée de celle fournie par le Cornell Legal Information Institute, disponible à l'adresse suivante : https://www.law.cornell.edu/wex/common_law

[8] Définition adaptée de celle fournie par le Cornell Legal Information Institute, disponible à l'adresse https://www.law.cornell.edu/wex/stare_decisis.

actuelle ; sinon, le précédent n'a qu'une valeur persuasive.

Le *stare decisis* peut fonctionner horizontalement et verticalement. Il y a *stare decisis* horizontal lorsqu'une juridiction suit son propre précédent, par exemple lorsque la Cour d'Appel du Septième Circuit suit une décision antérieure de cette même juridiction. En revanche, le *stare decisis* vertical s'applique lorsqu'une juridiction suit un précédent d'une juridiction supérieure, par exemple lorsque la Cour d'Appel du Septième Circuit suit une décision antérieure de la Cour Suprême des États-Unis.

Ce principe est fondamental pour la stabilité et la cohérence du système juridique, car il garantit que les décisions sont fondées sur des règles établies et que des affaires similaires sont résolues de manière uniforme au fil du temps.

Tout cela ne serait pas possible sans le ***rule of law***. Ce principe stipule que toutes les personnes, institutions et entités sont responsables devant des lois qui sont publiques, appliquées de manière équitable, jugées de manière indépendante et alignées sur les principes internationaux en matière de droits de l'homme. Ce concept garantit que personne n'est au-dessus de la loi et que chacun est traité avec équité et respect. [9]

Les tribunaux jouent un rôle crucial dans la préservation de l'État de droit, car ils sont chargés d'entendre et de résoudre les griefs des minorités et des personnes ayant des opinions divergentes. En tant que gardiens de la justice, les tribunaux veillent à ce que les droits fondamentaux de tous les individus soient protégés et à ce que l'application de la loi soit cohérente et équitable. Cela favorise un système juridique dans lequel la transparence, l'égalité et le respect des droits de l'homme sont des piliers fondamentaux.

Ces trois concepts formeront la base des autres théories juridiques des États-Unis que nous examinerons dans ce chapitre et que vous apprendrez à connaître à la faculté de droit.

Constitution, séparation des pouvoirs et contexte historique

Il est essentiel de comprendre la formation de la Constitution des États-Unis pour apprécier leur système juridique et politique actuel. Ce processus, qui a commencé avec les premières colonies et a abouti à la création d'un gouvernement fédéral fort, est jalonné d'événements importants qui ont jeté les bases de la nation.

L'histoire des États-Unis commence avec l'arrivée des premiers colons

---

[9] Définition adaptée de celle fournie par la Cour des États-Unis, disponible à l'adresse https://www.uscourts.gov/educational-resources/educational-activities/overview-rule-law.

européens. En 1607, les Anglais ont fondé Jamestown en Virginie, la première colonie permanente en Amérique du Nord. Cette première période a été marquée par des défis importants : maladies, conflits avec les peuples indigènes et difficultés à se procurer de la nourriture. Les treize colonies anglaises de la côte Est se sont développées progressivement, chacune avec sa propre structure économique et sociale.

Au milieu du XVIIIe siècle, les treize colonies ont commencé à prospérer, mais les tensions avec la Grande-Bretagne se sont également accrues. Les politiques fiscales et commerciales imposées par le Parlement britannique, telles que les lois sur la navigation et l'imposition sans représentation (par exemple le *Stamp Act* de 1765 et les *Townshend Acts* de 1767), ont suscité un profond mécontentement parmi les colons.

Le 4 juillet 1776, les représentants des colonies ont adopté la **Déclaration d'indépendance,** rédigée principalement par Thomas Jefferson. Cette déclaration proclame non seulement la séparation d'avec la Grande-Bretagne, mais établit également les principes fondamentaux des droits et libertés individuels.

L'indépendance des colonies n'a pas été facile à obtenir. La guerre d'indépendance américaine, qui a duré de 1775 à 1783, a été un conflit ardu et prolongé. Avec le soutien de la France, de l'Espagne et des Pays-Bas, les forces coloniales, sous la direction de personnalités telles que George Washington, ont finalement réussi à vaincre les troupes britanniques. Le traité de Paris de 1783 reconnaît formellement l'indépendance des États-Unis.

Après l'indépendance, les nouveaux États-Unis ont dû relever le défi de se gouverner eux-mêmes. En 1781, les articles de la Confédération ont été adoptés, première tentative d'établir un gouvernement national. Toutefois, ce système présentait d'importantes faiblesses, telles que l'absence de pouvoir de lever des impôts et de réglementer le commerce, ce qui a conduit à une gouvernance inefficace et à des conflits entre États.

En 1787, une **convention constitutionnelle** s'est réunie **à Philadelphie** pour remédier aux lacunes des articles de la Confédération. La Convention a réuni certains des dirigeants les plus influents de l'époque, notamment George Washington, James Madison, Benjamin Franklin et Alexander Hamilton. Après d'intenses débats, la Convention a produit un nouveau document : la Constitution des États-Unis.

La Constitution a établi un gouvernement fédéral avec une séparation claire des pouvoirs entre l'exécutif, le législatif et le judiciaire, et un système de freins et de contrepoids pour prévenir les abus de pouvoir. Elle a également introduit un système de fédéralisme qui équilibre les pouvoirs entre le gouvernement national et les États.

Le 17 septembre 1787, la Constitution est signée par 39 des 55 délégués. Pour entrer en vigueur, elle doit être ratifiée par au moins neuf des treize États. Ce processus de ratification a fait l'objet d'une opposition et de débats considérables, qui ont abouti à la création de deux factions principales : les fédéralistes, qui soutenaient la nouvelle Constitution, et les anti-fédéralistes, qui craignaient la centralisation du pouvoir.

Enfin, la promesse d'ajouter une **Déclaration des Droits** contenue dans les dix premiers amendements, garantissant la protection des libertés individuelles fondamentales, a contribué à assurer la ratification. Le 21 juin 1788, le New Hampshire est devenu le neuvième État à ratifier la Constitution, ce qui a permis son entrée en vigueur officielle le 4 mars 1789.

L'adoption de la Constitution des États-Unis a marqué un tournant dans la formation du pays. Elle a établi une structure de gouvernement qui a perduré et évolué au fil du temps, fournissant un cadre fondamental pour la gouvernance et l'État de droit aux États-Unis. Cette première histoire de lutte et de mise en place d'institutions est essentielle pour comprendre le contexte dans lequel les juristes internationaux peuvent opérer aujourd'hui dans le système juridique américain.

Pour bien comprendre les États-Unis, il est essentiel de commencer par leur Constitution. Rédigée il y a plus de 200 ans, au moment où la nation se formait à partir des 13 colonies britanniques, ce document sert de schéma directeur. Ses sept sections (ou articles) décrivent les éléments essentiels de la manière dont les auteurs de la Constitution souhaitaient que le gouvernement fonctionne.

- Article I : le Pouvoir Législatif. L'article I institue le pouvoir législatif, dont la mission principale est de faire les lois. Ce pouvoir est divisé en deux chambres : la Chambre des Représentants et le Sénat. Le Congrès, qui est l'organe législatif, a le pouvoir de faire et d'adopter des lois, d'emprunter de l'argent pour la nation, de déclarer la guerre et de lever une armée. Il a également la capacité de contrôler et d'équilibrer les deux autres pouvoirs fédéraux, en veillant à ce qu'aucun d'entre eux ne devienne trop puissant.

- Article II : le Pouvoir Exécutif. L'article II décrit le Pouvoir Exécutif, qui gère les activités quotidiennes du gouvernement par l'intermédiaire de divers ministères et agences fédéraux, tels que le département du Trésor. À la tête de ce pouvoir se trouve le président des États-Unis, qui est élu au niveau national. Le président prête serment de « s'acquitter fidèlement » de ses responsabilités en tant que président et de « préserver, protéger et défendre la Constitution des États-Unis ». Ses pouvoirs comprennent la conclusion de traités avec d'autres nations, la nomination de juges fédéraux, de chefs de département et d'ambassadeurs, ainsi que la détermination de la meilleure façon de gérer le pays et les opérations militaires.

- **Article III : le Pouvoir Judiciaire.** L'article III définit les pouvoirs du pouvoir judiciaire fédéral. Il stipule que la Cour Suprême des États-Unis est la juridiction de dernier ressort et que le Congrès a le pouvoir de déterminer la taille et le champ d'action des juridictions inférieures. Tous les juges sont nommés à vie, à moins qu'ils ne démissionnent ou ne soient révoqués pour mauvaise conduite. Les personnes inculpées doivent être jugées et évaluées par un jury composé de leurs pairs, ce qui garantit une procédure judiciaire équitable.

- **Article IV : les états.** L'article IV définit les relations entre les états et le gouvernement fédéral. Le gouvernement fédéral garantit une forme républicaine de gouvernement dans chaque État, protège la nation et son peuple contre la violence étrangère ou intérieure et détermine comment de nouveaux états peuvent rejoindre l'Union. Il suggère également que tous les états sont égaux entre eux et doivent respecter les lois et les décisions judiciaires des autres États.

- **Article V : amendements.** L'article V permet aux générations futures de modifier la Constitution si la société l'exige. Les états et le Congrès ont le pouvoir de lancer le processus d'amendement, ce qui permet à la Constitution d'évoluer au fil du temps pour s'adapter aux nouvelles réalités et aux nouveaux besoins.

- **Article VI : dettes, suprématie, serments.** L'article VI stipule que la Constitution des États-Unis et toutes les lois qui en découlent constituent la « loi suprême du pays ». Tous les fonctionnaires, qu'ils soient membres des assemblées législatives des états, du Congrès, du pouvoir judiciaire ou du pouvoir exécutif, doivent prêter serment à la Constitution, ce qui garantit leur allégeance et leur respect.

- **Article VII : ratification.** L'article VII détaille les procédures de ratification de la Constitution, y compris toutes les personnes qui ont signé le document, représentant les 13 États d'origine. Ce processus de ratification était crucial pour la mise en œuvre et l'acceptation du nouveau cadre de gouvernance dans l'ensemble du pays.

Ces articles sont suivis d'amendements. Les amendements à la Constitution américaine sont des modifications ou des ajouts qui ont été adoptés pour traiter des questions qui n'avaient pas été envisagées à l'origine par les auteurs du document. Depuis sa ratification en 1787, la Constitution a été amendée 27 fois. Ces amendements comprennent la **Déclaration des droits** (les dix premiers amendements), qui garantit des libertés fondamentales telles que la liberté d'expression et de religion, et d'autres amendements qui ont abordé des questions importantes telles que l'abolition de l'esclavage, la définition de la citoyenneté et le droit de vote, entre autres. Les amendements reflètent la capacité de la Constitution à s'adapter et à évoluer au fil du temps, en veillant à ce qu'elle continue à protéger les droits et les besoins des citoyens américains.

Le **Premier Amendement** garantit que le Congrès ne fera aucune loi établissant une religion officielle ou interdisant le libre exercice d'une religion. Il protège également la liberté d'expression, la liberté de la presse, la liberté de réunion et le droit d'adresser des pétitions au gouvernement pour obtenir réparation des préjudices subis. Il garantit que les citoyens peuvent exprimer leurs opinions, pratiquer n'importe quelle religion et se réunir pacifiquement sans ingérence du gouvernement.

Le **Deuxième Amendement** confère aux citoyens le droit de détenir et de porter des armes. Ce droit a fait l'objet d'intenses débats et discussions dans la politique et la jurisprudence américaines, notamment en ce qui concerne la sécurité publique et les droits individuels.

Le **Troisième Amendement** interdit au gouvernement de loger des troupes dans des maisons privées sans le consentement du propriétaire. Cet amendement est une réponse directe aux plaintes formulées pendant la révolution américaine, lorsque les colons ont été contraints d'héberger des soldats britanniques chez eux.

Le **Quatrième Amendement** protège les citoyens contre les perquisitions et les saisies abusives. Le gouvernement ne peut procéder à des perquisitions sans mandat, et ces mandats doivent être délivrés par un juge sur la base d'une cause probable. Cela permet de protéger la vie privée et la sécurité des citoyens contre l'intervention arbitraire de l'État.

Le **Cinquième Amendement** prévoit que les citoyens ne peuvent être soumis à des poursuites pénales et à des sanctions sans procédure légale régulière. Il protège également contre la double incrimination, garantissant qu'une personne ne peut être jugée deux fois pour le même délit. Il prévoit également une protection contre l'auto-incrimination, en accordant aux individus le droit de garder le silence. L'amendement traite également du pouvoir d'expropriation, garantissant que la propriété privée n'est pas prise pour un usage public sans juste compensation.

Le **Sixième Amendement** garantit le droit à un procès rapide et public devant un jury impartial. Il garantit également que les accusés sont informés des charges retenues contre eux, qu'ils sont confrontés aux témoins du gouvernement et qu'ils peuvent obtenir des témoins pour leur défense. En outre, il accorde le droit à une représentation légale, garantissant que tous les accusés ont accès à un avocat.

Le **Septième Amendement** préserve le droit à un procès avec jury dans les affaires civiles. Il garantit que les litiges civils, généralement ceux qui impliquent des demandes de dommages-intérêts, peuvent être tranchés par un groupe de citoyens plutôt que par un juge seul.

Le **Huitième Amendement** interdit l'imposition de cautions et d'amendes excessives, ainsi que les peines cruelles et inhabituelles. Cet amendement est essentiel pour garantir que le système judiciaire soit équitable et humain, en évitant les peines disproportionnées et abusives.

Le **Neuvième Amendement** déclare que la liste des droits énumérés dans la Constitution n'est pas exhaustive et que le peuple conserve tous les droits non énumérés. Cela signifie que les citoyens possèdent plus de droits que ceux qui sont explicitement spécifiés dans la Constitution.

Le **Dixième Amendement** attribue tous les pouvoirs non délégués au gouvernement fédéral, ni interdits aux états, aux états ou au peuple. Cet amendement souligne le principe du fédéralisme, en garantissant que les États conservent leur autorité dans tous les domaines qui ne sont pas spécifiquement attribués au gouvernement fédéral.

La Déclaration des droits ne se contente pas d'établir les droits fondamentaux des citoyens, elle crée également un cadre juridique pour protéger ces droits de l'ingérence du gouvernement, garantissant ainsi une société juste et équitable.

Fédéralisme

Le fédéralisme est un autre concept essentiel pour comprendre le fonctionnement juridique des États-Unis. Le **fédéralisme** est un système de gouvernement dans lequel le même territoire est contrôlé par deux niveaux de gouvernement. En règle générale, un gouvernement national est responsable de la gouvernance de zones territoriales plus vastes, tandis que des subdivisions plus petites, telles que les États et les villes, s'occupent des questions d'intérêt local. [10]

Tant le gouvernement national que les petites subdivisions politiques ont le pouvoir de légiférer et possèdent un certain niveau d'autonomie l'un par rapport à l'autre. Ce système de partage des pouvoirs permet au gouvernement fédéral et aux gouvernements des États de disposer du pouvoir de légiférer.

Aux États-Unis, la Constitution a établi un système de « double souveraineté », dans lequel les États ont cédé un grand nombre de leurs pouvoirs au gouvernement fédéral, tout en conservant une certaine souveraineté. Des exemples de cette double souveraineté sont décrits dans la

---

[10] Définition adaptée de celle fournie par le Cornell Legal Information Institute, disponible à l'adresse https://www.law.cornell.edu/wex/federalism.

Constitution américaine.

Comme nous l'avons vu plus haut, l'**article VI de la Constitution** des États-Unis contient la clause de suprématie. Cela signifie que lorsque les lois du gouvernement fédéral sont en conflit avec les lois du gouvernement de l'État, la loi fédérale prévaut sur la loi de l'État.

L'**article I, section 8 de la Constitution** décrit les pouvoirs spécifiques qui appartiennent au gouvernement fédéral, connus sous le nom de pouvoirs énumérés. Ces pouvoirs comprennent, entre autres, la capacité de réglementer le commerce interétatique, de battre monnaie et de maintenir des forces armées. Le **dixième amendement**, quant à lui, réserve des pouvoirs aux États, tant que ces pouvoirs ne sont pas délégués au gouvernement fédéral. Il s'agit notamment de la création de systèmes scolaires, du contrôle des tribunaux d'État, de la création de systèmes de sécurité publique, de la gestion des affaires et du commerce au sein de l'État et de l'administration des collectivités locales.

Le fédéralisme influence de nombreux aspects de l'étude et de la pratique du droit aux États-Unis. Par exemple, lors de l'étude de la procédure civile, il est essentiel de se rappeler qu'il existe un système judiciaire fédéral et que chaque État dispose de son propre système judiciaire. Par conséquent, le processus de choix d'un tribunal exige des juristes et des étudiants en droit qu'ils analysent si une affaire relève d'un tribunal fédéral ou d'un tribunal d'État, ou si les parties ont le choix.

Systèmes judiciaires fédéraux et nationaux

Aux États-Unis, il existe une structure juridique diversifiée comprenant plus de 50 systèmes juridiques, puisque chacun des 50 États, ainsi que le gouvernement fédéral, possède sa propre constitution, ses propres lois et ses propres tribunaux.

Le fondement du système judiciaire fédéral se trouve dans l'**article III de la Constitution** des États-Unis, qui établit la **Cour Suprême** comme la plus haute autorité judiciaire du pays. La Cour suprême, souvent appelée « tribunal de dernier ressort », est la plus haute juridiction d'appel du système fédéral. L'article III donne également au Congrès le pouvoir de créer des tribunaux fédéraux inférieurs à la Cour suprême. Ces tribunaux et juges sont communément appelés « tribunaux et juges de l'article III ».

Les tribunaux fédéraux ont une compétence limitée, ce qui signifie qu'ils ne peuvent connaître que des affaires spécifiques définies dans l'article III, section 2 de la Constitution des États-Unis et dans les lois du Congrès. Cela leur permet de connaître des affaires et des controverses qui portent sur une question fédérale, qui impliquent des parties de différents États (diversité de citoyenneté) ou qui se déroulent entre deux États.

Les tribunaux fédéraux sont organisés à différents niveaux :

1. Tribunaux de district des États-Unis (United States District Courts) : ils agissent en tant que tribunaux de première instance dans le système fédéral. Chaque État compte au moins un district judiciaire fédéral, certains États en comptant plusieurs.

2. Cours d'Appel des États-Unis : également appelées « Circuit Courts », elles traitent les appels. Il existe 13 cours de circuit. Les 11 premiers circuits sont répartis géographiquement. Par exemple, la Second Circuit Court of Appeals couvre le Connecticut, New York et le Vermont, tandis que le Ninth Circuit couvre des États tels que la Californie, l'Arizona et Washington. Outre les cours susmentionnées, il existe deux cours d'appel supplémentaires : la Cour d'appel pour le circuit du district de Columbia et la Cour d'appel pour le circuit fédéral, qui est compétente pour les affaires spécialisées telles que les contrats gouvernementaux et les brevets.

Lorsqu'une décision d'une Circuit Court fédérale fait l'objet d'un appel, l'examen a lieu devant la Cour suprême des États-Unis, qui peut décider d'entendre un appel de ces tribunaux, en accordant un certiorari dans un nombre très limité de cas. Ce système permet de s'assurer que les affaires d'importance nationale sont traitées de manière efficace et uniforme, garantissant ainsi une interprétation cohérente de la loi fédérale dans tout le pays.

Le tableau ci-dessous est utile pour comprendre les différentes juridictions du système fédéral : [11]

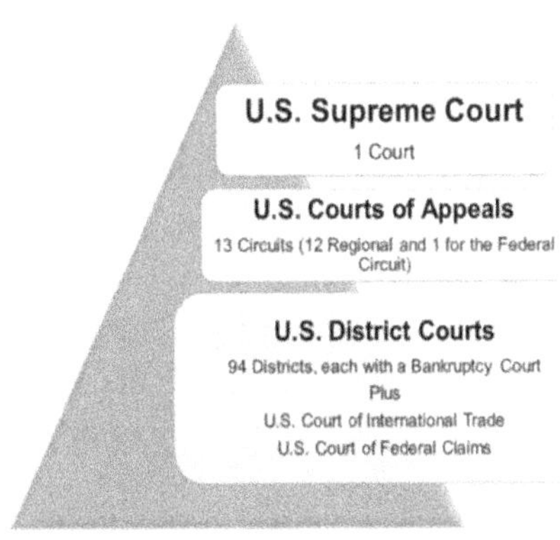

---

[11]   Image propriété du Judicial Learning Center, disponible sur https://judiciallearningcenter.org/levels-of-the-federal-courts/.

De même, cette carte permet de comprendre géographiquement les différents circuits des cours d'appel au niveau national : [12]

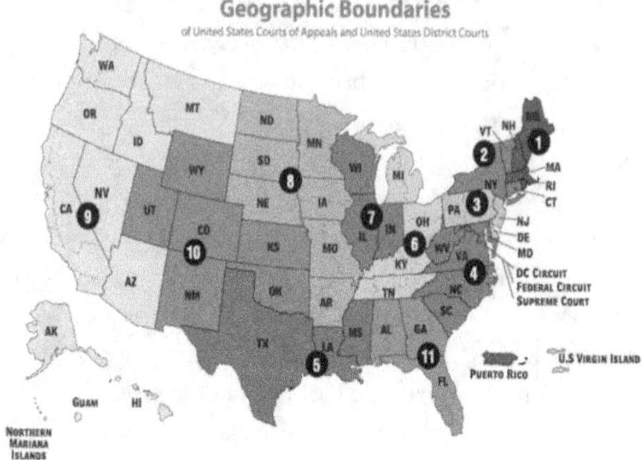

D'autre part, les tribunaux d'État aux États-Unis sont organisés de la même manière que les tribunaux fédéraux, avec une structure à plusieurs niveaux qui comprend plusieurs niveaux de juridiction. Chaque État dispose de son propre système judiciaire, qui se compose des éléments suivants

1. Tribunaux de première instance : il s'agit du niveau de base où les affaires sont initialement entendues. Le nom de ces tribunaux varie d'un État à l'autre. Par exemple, dans le Connecticut, elles sont appelées « superior courts », tandis qu'en Floride, elles sont appelées « circuit courts ».

2. Cours d'appel intermédiaires : de nombreux États disposent de ce niveau intermédiaire de contrôle, où sont traités les appels interjetés par les tribunaux de première instance. Ces cours veillent à ce que les affaires soient correctement examinées avant d'être portées devant la plus haute juridiction de l'État.

3. Cour suprême de l'État : chaque État dispose d'une cour suprême, généralement appelée Cour suprême, bien qu'elle ne porte pas toujours ce nom. Cette cour est la dernière instance pour l'interprétation de la constitution et des lois de l'État, et ses décisions sont définitives dans la juridiction de l'État.

Les tribunaux d'État ont une compétence générale sur le territoire de l'État, ce qui signifie qu'ils peuvent connaître d'un large éventail d'affaires, y compris celles liées à la constitution et aux lois de l'État.[13] Outre les tribunaux généraux, de nombreux États disposent de tribunaux spécialisés pour traiter des types

---

[12] Image propriété du site web des tribunaux des États-Unis, disponible à l'adresse https://www.uscourts.gov/about-federal-courts/federal-courts-public/court-website-links.
[13] Définition adaptée de celle fournie par le Cornell Legal Information Institute, disponible à l'adresse https://www.law.cornell.edu/wex/state_court.

d'affaires spécifiques. Par exemple, il existe des tribunaux spécialisés dans les litiges de faible importance, communément appelés « cours de petits litiges ». Certains États disposent également de tribunaux spécialisés dans les affaires commerciales complexes, conçus pour traiter les litiges commerciaux très complexes.

Il est important de noter que les noms des tribunaux varient considérablement d'un État à l'autre. Bien que cela puisse prêter à confusion, la structure hiérarchisée du système judiciaire reste cohérente, avec des niveaux qui permettent aux affaires d'être examinées et de faire l'objet d'un recours de manière ordonnée et systématique.

Les décisions des tribunaux d'État, y compris celles rendues par les cours suprêmes des États, peuvent faire l'objet d'un recours devant la Cour suprême des États-Unis dans certaines circonstances. Un tel appel est possible lorsqu'une affaire implique des questions fédérales, telles que l'interprétation de la Constitution des États-Unis ou de la loi fédérale. Si une partie estime qu'une décision de l'État viole des droits constitutionnels ou contredit la loi fédérale, elle peut demander à la Cour suprême des États-Unis d'examiner l'affaire. Toutefois, la Cour suprême a le pouvoir discrétionnaire d'accepter ou de rejeter ces appels par le biais d'une procédure connue sous le nom d'octroi de certiorari. Ce mécanisme garantit que seules les affaires d'importance constitutionnelle ou fédérale majeure sont examinées, ce qui permet de maintenir un équilibre entre la souveraineté des États et l'autorité du gouvernement fédéral.

La Rédaction Juridique aux États-Unis

La **rédaction juridique aux États-Unis** suit des méthodes structurées basées sur des principes logiques et des formats établis. Une compréhension approfondie de ces méthodes est essentielle pour réussir les études de droit, les examens professionnels tels que l'examen du barreau et la pratique quotidienne du droit. La base de ce système se trouve dans le syllogisme et l'utilisation d'analogies et de comparaisons, et est appliquée dans des structures spécifiques telles que l'IRAC et ses variations.

Le syllogisme est une forme de raisonnement déductif composé de trois parties :

1. Grande prémisse : cette prémisse établit une règle ou un principe juridique général. Par exemple, « tout contrat qui n'est pas exécuté de bonne foi est nul ».

2. Prémisse mineure : Ici, les faits spécifiques de l'affaire sont appliqués à la règle générale. Par exemple, « le contrat entre A et B a été exécuté avec une intention frauduleuse ».

3. Conclusion : sur la base des prémisses précédentes, une conclusion logique est tirée. Par exemple, « par conséquent, le contrat entre A et B est nul ».

Le syllogisme fournit une structure claire et logique pour l'analyse juridique, aidant les juristes à formuler des arguments solides et cohérents.

Outre le syllogisme, les analogies et les comparaisons sont des outils essentiels de la rédaction juridique. Ces techniques permettent aux juristes d'établir un lien entre l'affaire en question et des affaires antérieures (précédents), afin de persuader le juge qu'une décision similaire devrait s'appliquer. Par exemple, si un tribunal a déjà décidé qu'un certain type de comportement constitue une négligence, un avocat peut faire valoir qu'un comportement similaire dans l'affaire en cours devrait également être considéré comme une négligence.

Méthode IRAC de Rédaction Juridique

La méthode la plus couramment utilisée dans la communauté juridique américaine est l'IRAC, acronyme de *Issue*, *Rule*, *Analysis* and *Conclusion* (*question*, *règle*, *analyse* et *conclusion*).

- **La question.** La première étape de la méthodologie IRAC consiste à identifier le problème juridique analysé. Cela implique non seulement de formuler une question juridique claire, mais aussi d'incorporer certains des faits essentiels et des éléments de l'affaire qui sont pertinents pour cette question. Une bonne formulation du problème est cruciale, car elle encadre toute l'analyse ultérieure. Par exemple, dans une affaire de négligence, la question pourrait être la suivante : « le défendeur a-t-il fait preuve de négligence en ne fournissant pas une signalisation adéquate sur le chantier de construction ? »

] Dans ce cas, il est important de mettre en évidence les parties impliquées et les faits spécifiques de l'affaire.

- **La règle.** La deuxième partie de l'IRAC consiste à exposer la règle de droit applicable. Cette section doit inclure la loi, les principes juridiques pertinents et les précédents judiciaires qui s'appliquent au problème identifié. Il est essentiel d'être précis et complet dans cette section, en citant les lois, les règlements et les affaires antérieures qui définissent la règle de droit appliquée. Par exemple, dans le contexte d'une affaire de négligence, il peut s'agir de la norme de diligence raisonnable établie par la jurisprudence et de toute loi spécifique pertinente. La règle doit être clairement formulée afin que le lecteur puisse comprendre comment elle sera appliquée dans la section suivante.

- **L'analyse.** L'analyse est la partie la plus complète et la plus détaillée de la méthodologie IRAC. C'est ici que la règle de droit est appliquée aux faits de l'espèce. Cette section doit présenter un raisonnement logique et systématique, démontrant comment la règle de droit est liée aux circonstances particulières. Il est essentiel de décomposer chaque élément de la règle et de le comparer aux faits de l'affaire, en utilisant, le cas échéant, des analogies avec des affaires antérieures. Par exemple, si la règle stipule qu'il doit y avoir un devoir de diligence et une violation de ce devoir pour qu'il y ait négligence, l'analyse doit examiner si, dans ce cas précis, il y avait un devoir de diligence et si ce devoir a été violé par les actions du défendeur.

- Conclusion. La conclusion est la réponse directe à la question juridique posée dans la section de la question, sur la base de l'analyse effectuée. Cette section doit être claire et concise, résumer les résultats de l'analyse et répondre spécifiquement à la question juridique. Par exemple, dans le cas d'une négligence, la conclusion pourrait être la suivante : « par conséquent, le défendeur a commis une négligence en ne fournissant pas une signalisation adéquate sur le chantier de construction, car il y a eu violation du devoir de diligence, ce qui a entraîné un préjudice prévisible ».

Le format de l'IRAC est très structuré, ce qui aide les étudiants en droit et les praticiens à organiser leurs idées et leurs arguments de manière claire et logique. En suivant cette méthode, on s'assure que tous les aspects pertinents de l'affaire sont abordés de manière systématique. En outre, l'utilisation de l'IRAC facilite l'évaluation objective des arguments juridiques, car chaque étape du raisonnement est clairement délimitée.

Avantages de l'Utilisation de l'IRAC

1. Clarté et précision : oblige les juristes à être précis et clairs dans leur analyse, en veillant à ce que les détails importants ne soient pas négligés.

2. Organisation structurée : sa structure logique facilite la présentation d'arguments de manière cohérente et ordonnée.

3. Cohérence : son utilisation systématique contribue à la normalisation de la rédaction juridique, ce qui rend les documents juridiques plus faciles à suivre et à comprendre.

4. Communication efficace : améliore la communication d'idées complexes, permettant aux juristes d'articuler leurs arguments de manière persuasive et compréhensible.

Variations de l'IRAC

Il existe plusieurs variantes de l'IRAC, chacune adaptée à des contextes juridiques différents, mais toutes conservant la structure de base de l'analyse juridique. Parmi les variantes les plus courantes, citons

- **CREAC** : *Conclusion, Rule, Explanation, Application, Conclusion.*Cette structure commence et se termine par la conclusion, en mettant l'accent sur la réponse au problème juridique depuis le début.

- **IREAC** : *Issue, Rule, Explanation, Application, Conclusion.* Il est similaire, mais ajoute une explication détaillée de la règle avant l'analyse.

- **CRAC** : *Conclusion, Rule, Analysis, Conclusion.* Met l'accent sur les conclusions initiales et finales, en se concentrant directement sur la règle et l'analyse.

Une compréhension approfondie de ces systèmes est essentielle à la réussite universitaire et professionnelle dans le domaine juridique aux États-Unis. Dans les facultés de droit, ces structures sont essentielles pour réaliser les travaux, rédiger les essais et passer les examens. Dans la pratique professionnelle, elles sont indispensables pour rédiger des documents juridiques clairs et convaincants et pour présenter des arguments solides devant les tribunaux. La maîtrise des syllogismes, des analogies, des comparaisons et des formats tels que l'IRAC et ses variantes permet aux juristes de structurer leur pensée et de communiquer leurs idées efficacement, ce qui est crucial pour leur performance dans le système juridique américain.

Exemple de Texte Écrit avec IRAC

Cet exemple de l'IRAC se distingue par sa clarté et son organisation, ce qui en fait un modèle efficace d'analyse des problèmes juridiques. Il commence par identifier clairement le problème juridique, puis établit une règle basée sur les lois applicables. L'analyse examine comment ces principes juridiques s'appliquent aux faits spécifiques de l'affaire, ce qui permet de bien comprendre la situation. Enfin, la conclusion apporte une réponse directe et raisonnée au problème initial, montrant comment le raisonnement juridique peut conduire à une résolution cohérente et fondée.

La question *(Issue)* :

La question est de savoir si les parties sont des citoyens d'États différents et si le montant en litige dépasse 75 000 dollars, remplissant ainsi les conditions de la compétence en matière de diversité.

Commentaire : Lors de la formulation du problème, il est essentiel d'incorporer des parties de la règle et des faits spécifiques de l'affaire afin d'énoncer la question de manière claire et précise. Cela permet de centrer l'analyse sur le point central du litige.

Règle *(Rule)* :

Les tribunaux fédéraux ont une compétence limitée, de sorte qu'ils ne peuvent connaître que d'affaires spécifiques. Le 28 U.S.C. 28 USC définit les circonstances dans lesquelles un procès peut être intenté devant un tribunal fédéral de district, y compris les cas de questions fédérales et la compétence en matière de diversité de citoyenneté. Plus précisément, la diversité de citoyenneté exige que tout plaignant dans l'affaire soit citoyen d'un État différent de celui du défendeur et que le montant en litige dépasse 75 000 dollars. En ce qui concerne le domicile, la présence physique dans l'État et l'intérêt à y rester indéfiniment sont pris en compte. Le domicile pertinent est celui qui existait au moment de l'introduction de l'action en justice. En ce qui concerne le montant en litige, un seul demandeur peut regrouper toutes les réclamations nécessaires contre le même défendeur pour dépasser le seuil de 75 000 dollars.

Commentaire : Lorsque vous rédigez la règle, organisez les informations du général au particulier, comme un triangle inversé. Commencez par la compétence générale, puis passez aux spécificités de l'affaire et aux règles applicables.

Analyse *(Analysis)* :

Dans ce cas, l'action a été intentée devant le tribunal fédéral de district, de sorte qu'il doit y avoir une question de compétence fédérale ou une diversité de citoyenneté. Il est clair qu'il n'y a pas de question fédérale puisque le contrat et le délit civil sont tous deux régis par le droit de l'État. Par conséquent, il est nécessaire d'analyser si les exigences en matière de diversité sont remplies. Au moment où le procès a été intenté, l'acheteur, en tant que demandeur, avait déjà déménagé dans l'État Y et décidé de s'y installer définitivement, formant ainsi sa citoyenneté dans l'État Y. Au même moment, le vendeur se trouvait toujours dans l'État Y. L'acheteur, en tant que demandeur, avait déjà déménagé dans l'État Y et décidé de s'y installer définitivement, formant ainsi sa citoyenneté dans l'État Y. Au même moment, le vendeur demeurait dans l'État Y, formant ainsi sa citoyenneté dans l'État Y. Dans le même temps, le vendeur restait citoyen de l'État X car il n'avait déménagé dans l'État Y qu'une semaine après l'introduction de l'action en justice. En outre, en ce qui concerne le montant en litige, bien que la réclamation contractuelle ne soit que de 2 500 dollars, le demandeur peut ajouter autant de réclamations qu'il le souhaite contre le même défendeur, de sorte que le montant total s'élève ici à 502 500 dollars, ce qui satisfait également à la condition relative au montant en litige.

Commentaire : Dans l'analyse, chaque phrase doit refléter une phrase de la règle telle qu'elle est appliquée aux faits spécifiques de l'affaire. Cela permet de démontrer comment la conclusion est obtenue par l'application logique de la règle aux circonstances particulières.

Conclusion *(Conclusion)* :

Par conséquent, le tribunal ne doit pas rejeter les demandes de dommages et intérêts et de contrats, car il existe une compétence matérielle fondée sur la diversité de citoyenneté.

Commentaire : la conclusion doit répondre directement à la question initiale du problème. Il est essentiel qu'elle soit claire et directe et qu'elle fournisse une résolution basée sur l'analyse précédente.

D'une manière générale, il est conseillé de séparer chaque section, mais pas nécessairement de la nommer. L'exemple de l'IRAC présenté ici fournit des indications pratiques sur la manière d'appliquer cette méthode à des cas réels. En décomposant chaque élément et en fournissant des recommandations détaillées pour son développement, il montre comment structurer une analyse juridique efficace. S'entraîner avec de tels exemples aide les étudiants à maîtriser la technique, ce qui leur permet d'aborder les problèmes juridiques avec plus d'assurance et de précision. L'IRAC ne se contente pas d'organiser la pensée juridique, il renforce également la capacité à argumenter de manière logique et convaincante, des compétences essentielles tant dans le cadre académique que professionnel.

Pensez-vous être prêt à l'appliquer ?

Mise en pratique de la structure IRAC

Faits :

Un magasin d'électronique appelé TechWorld a publié une annonce dans le journal qui disait : « Ce samedi à 10 heures, les 5 premiers clients recevront un nouveau smartphone à la pointe de la technologie pour seulement 5,00 $. Aucune pré-commande ne sera acceptée. » M. Rodriguez est arrivé au magasin à 9 h 30 et a fait partie des cinq premiers clients de la file d'attente. Cependant, lorsqu'il a voulu acheter le smartphone, le gérant du magasin lui a dit que l'offre était réservée aux clients qui avaient déjà acheté un produit chez TechWorld au cours de l'année précédente. M. Rodriguez n'avait jamais fait d'achats chez TechWorld auparavant, et le smartphone ne lui a donc pas été vendu. M. Rodriguez a décidé de poursuivre TechWorld pour rupture de contrat.

M. Rodriguez peut-il gagner un procès pour obliger TechWorld à respecter les termes de l'annonce ?

Rule of law :

Dans l'affaire *Lefkowitz v. Great Minneapolis Surplus Store, Inc.*, le tribunal a décidé qu'une annonce peut constituer une offre si elle est claire, précise et ne laisse rien à négocier, de sorte qu'un destinataire raisonnable puisse conclure qu'une offre a été faite. Une fois acceptée, un contrat valide est formé. Les restrictions non mentionnées dans l'offre initiale ne peuvent être appliquées ultérieurement.

Instructions :

Utilisez la méthode IRAC pour analyser ce problème.

1) *Question* : identifie la question juridique analysée.

2) *Règle* : décrit la règle générale prévue.

3. *Analyse* : appliquer la règle aux faits de l'espèce.

4. *Conclusion* : tirez une conclusion de votre analyse.

Le saviez-vous ?

L'affaire **Lefkowitz v. Minneapolis Surplus Store** s'est déroulée en 1957 et porte sur un litige concernant la vente d'un manteau de fourrure. En bref, Lefkowitz a vu dans le journal une annonce proposant des « manteaux de fourrure de première qualité, d'une valeur de 100 dollars, pour seulement 1 dollar ». Lefkowitz est l'un des premiers à se présenter au magasin, mais se voit refuser la vente du manteau en raison d'une politique du magasin limitant l'offre aux femmes. Lefkowitz a poursuivi le magasin, arguant qu'il avait accepté l'offre annoncée et que le magasin avait rompu le contrat en refusant de lui vendre le manteau.

La Cour suprême du Minnesota a estimé que l'annonce était une offre unilatérale et que Lefkowitz avait accepté l'offre en se présentant au magasin. La Cour a jugé que la politique du magasin limitant l'offre aux femmes n'était pas valable et que Lefkowitz avait le droit d'acheter le manteau au prix annoncé.

Si vous vous sentez motivé pour rédiger une dissertation sur l'IRAC à partir de l'exemple donné, n'hésitez pas ! Vous pouvez l'envoyer à mon adresse électronique laramaike25@gmail.com pour recevoir des commentaires et des réactions sur votre analyse. Je suis à votre disposition pour vous aider.

Lire les Textes Juridiques

Les juristes sont confrontés à une grande variété de textes, notamment des affaires, des mémorandums, des motions, des contrats, des lois et des règlements, entre autres. Cependant, l'un des éléments les plus importants pour comprendre le discours juridique aux États-Unis est la jurisprudence. Il est essentiel de se familiariser avec la structure et les composantes des affaires pour une lecture efficace et une analyse juridique appropriée.

Pour aborder la lecture de textes juridiques de manière efficace, il est utile de procéder d'abord à une lecture rapide afin de se faire une idée générale des idées principales et de l'organisation de l'affaire. Cette approche vous permet d'identifier rapidement la structure et les points clés avant une lecture plus détaillée. Souligner, surligner ou entourer les mots et phrases importants permet de mettre en évidence les éléments essentiels du texte. En outre, il peut être utile d'avoir un dictionnaire à portée de main pour comprendre les termes juridiques peu familiers. Écrire de brèves notes dans la marge peut faciliter la consultation rapide et aider à résumer des idées, à poser des questions ou à souligner des points importants au cours de la lecture.

Éléments d'une affaire

Intitulé de l'affaire (*Caption*). L'intitulé de l'affaire comprend des informations essentielles telles que les noms des parties impliquées et l'identification de l'affaire. Cet élément est essentiel pour contextualiser l'affaire et comprendre qui est impliqué dans le litige. Connaître les parties permet de comprendre la dynamique et les relations qui ont conduit au litige.

Citation de l'affaire (*Case Citation*). La référence à l'affaire fournit la référence juridique spécifique à l'affaire, en indiquant où elle peut être trouvée dans les rapports des tribunaux. Cette référence est essentielle pour vérifier et consulter les détails de l'affaire dans le contexte juridique. Une référence précise permet aux juristes et aux étudiants en droit de localiser rapidement l'affaire et d'en examiner tous les détails dans les dossiers juridiques pertinents.

Les citations d'arrêts sont essentielles pour la recherche et la rédaction juridiques, car elles vous permettent de faire référence avec précision à des décisions de justice antérieures. Chaque partie d'une citation fournit des informations spécifiques qui permettent de localiser l'affaire. Voici un aperçu des sections typiques que l'on trouve dans une citation d'affaire. [14]

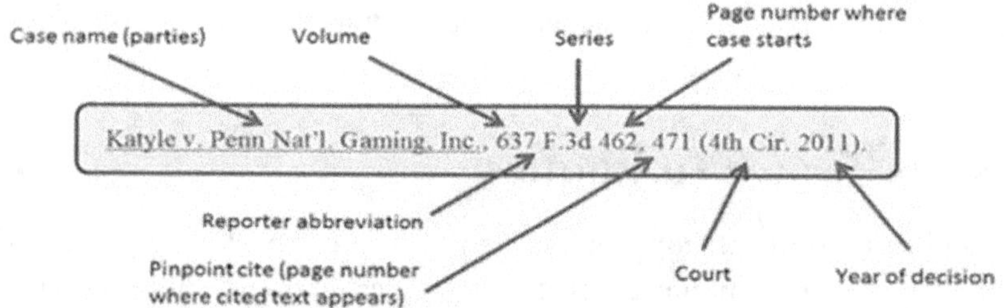

L'intitulé de l'affaire comprend les noms des parties impliquées dans l'affaire. Le nom du plaignant est généralement cité en premier, suivi du nom du défendeur. Le numéro de volume indique le volume du recueil dans lequel l'affaire est publiée. Les recueils sont des collections de décisions de justice et chaque volume contient plusieurs affaires. L'abréviation du journal identifie la

---

série de journaux dans laquelle l'affaire a été publiée. Les abréviations les plus courantes sont « U.S. » pour United States Reports et « F.2d » pour Federal Reporter, Second Series. La première page de l'affaire indique la page à laquelle l'affaire commence dans le volume du rapporteur. La section « tribunal et année » indique le tribunal qui a statué sur l'affaire et l'année de la décision.

L'auteur de l'avis (*Author of the Opinion*). Connaître l'auteur de l'avis peut donner un aperçu de l'approche et de l'interprétation du droit, car différents juges peuvent avoir des approches différentes sur des questions juridiques similaires. Le style et la philosophie judiciaire de l'auteur peuvent influencer de manière significative la formulation et les conclusions de l'affaire, en fournissant un contexte supplémentaire pour l'analyse juridique.

Les faits (*Facts*). Les faits de l'affaire racontent l'histoire et les événements qui ont conduit au litige, en décrivant les actions et les événements qui ont conduit à l'action en justice entre les parties. Cette section décrit le problème ou le litige qui s'est produit avant l'introduction de l'action en justice, en plaçant la séquence des événements sur une ligne temporelle qui précède la date de l'introduction de l'action en justice. Les faits se situent généralement au début de l'affaire, utilisent le passé et ne contiennent pas de citations juridiques, fournissant ainsi une narration claire et chronologique des événements pertinents.

Histoire de la procédure (*Procedural History*). L'historique de la procédure décrit les décisions juridiques des juridictions inférieures et donne des détails sur les arguments juridiques présentés avant le procès, pendant le procès ou en appel. Cette section relate les actions et les événements qui se sont produits au moment de l'introduction de l'action en justice et après celle-ci, en expliquant comment l'affaire a progressé dans le système judiciaire. Elle utilise souvent le passé et mentionne des termes tels que « tribunal de première instance », « appel », « requêtes » et « décisions provisoires ». L'historique de la procédure figure généralement au début de l'affaire.

La question (*Issue*). L'enjeu de l'affaire définit les questions juridiques que la juridiction doit résoudre. Cette section utilise le présent ou le passé et est généralement formulée sous la forme d'une question. Elle utilise des phrases telles que « la question est de savoir si... » (the issue is whether). Les questions peuvent être procédurales, substantielles ou les deux, et sont essentielles pour comprendre l'approche de la juridiction dans l'affaire.

Règle ou règle de droit (*Rule or Rule of Law*). La règle ou la règle de droit explique le droit que la juridiction applique, y compris les citations légales. Les sources de droit peuvent être des lois, des décisions de justice, des constitutions fédérales ou d'État, ou des règlements administratifs. Cette section peut citer des traités et d'autres sources secondaires et utilise fréquemment le présent. Les déclarations sont généralement générales et non spécifiques aux faits de l'affaire.

Analyse, discussion, raisonnement et justification (*Analysis, Discussion, Reasoning, and Rationale*). L'analyse applique les règles existantes de la jurisprudence aux faits de l'affaire, en comparant l'affaire à des affaires similaires antérieures. Elle fournit des raisons pour étayer les décisions et explique la logique qui sous-tend la décision du tribunal. Elle évoque souvent les décisions d'autres tribunaux, en utilisant le passé. Cette section peut contenir des citations juridiques et faire des comparaisons, des analogies ou des suggestions de situations hypothétiques.

Décision (*Holding*). La décision de l'affaire fournit la réponse du tribunal aux questions soulevées et résout les problèmes de l'affaire. Elle utilise à la fois le présent et le passé et des expressions courantes telles que "nous estimons que..." ou "nous concluons que...". Cette section contient des informations spécifiques sur l'affaire et énonce clairement la décision du tribunal.

Jugement (*Disposition*). Le jugement de l'affaire indique la mesure spécifique prise par le tribunal pour résoudre l'affaire. Elle utilise des mots clés tels que "confirmé", "infirmé" ou "renvoyé" et apparaît généralement à la fin de l'affaire. La décision est essentielle pour comprendre le résultat final de l'affaire et les implications juridiques de la décision du tribunal.

La maîtrise de ces stratégies de lecture et la compréhension des éléments d'un dossier sont essentielles pour tout étudiant en droit ou professionnel du droit. La capacité d'analyser et de synthétiser efficacement l'information juridique améliore non seulement la compréhension du sujet, mais est également cruciale pour la pratique quotidienne du droit.

À quoi Ressemble un Affaire ?

Voici un cas classique qui vous permettra de vous entraîner à identifier les différentes parties d'un procès. Cette affaire, **James L. O'Keefe v. Lee Calan Imports, Inc. v. Field Enterprises, Inc.** concerne un litige relatif à une publicité et à un prétendu contrat de vente d'une automobile à un prix erroné. En lisant l'affaire, essayez d'identifier les sections clés que nous avons abordées : les faits, le problème, la règle, l'analyse et la conclusion. Cet exercice vous permettra de vous familiariser avec la structure d'un arrêt et d'améliorer votre capacité à rédiger un mémoire efficace.

James L. O'Keefe c. Lee Calan Imports, Inc. c. Field Enterprises, Inc.

128 Ill. App. 2d 410 (Illinois Appellate Court, First District, Third Division 1970).

Avis

McNAMARA, juge.

Christopher D. O'Brien a poursuivi le défendeur pour une prétendue rupture de contrat. O'Brien est décédé après l'introduction de l'action et l'administrateur de sa succession lui a été substitué. Field Enterprises, Inc. a été ajouté en tant que troisième défendeur, mais il a été dessaisi de l'affaire et l'ordonnance de dessaisissement n'est pas concernée par le présent appel. Le demandeur et le défendeur ont déposé des requêtes croisées en vue d'obtenir un jugement sommaire. Le tribunal a rejeté la demande de jugement sommaire du demandeur et a accueilli la demande du défendeur. Le présent appel s'ensuit. Les faits présentés dans les plaidoiries et dans les requêtes croisées de jugement sommaire ne sont pas contestés.

Le 31 juillet 1966, le défendeur fait paraître dans le Chicago Sun-Times une annonce pour la vente d'une Volvo Station Wagon de 1964. Le défendeur avait demandé au journal d'annoncer le prix de l'automobile à 1 795 dollars, mais à la suite d'une erreur du journal et sans qu'il y ait faute de la part du défendeur, le journal a inséré un prix de 1 095 dollars pour l'automobile dans l'annonce. O'Brien se rend dans l'entreprise du défendeur, examine la voiture et exprime le souhait de l'acheter au prix de 1 095 dollars. L'un des vendeurs du défendeur accepte dans un premier temps, mais refuse ensuite de vendre la voiture au prix erroné indiqué dans l'annonce.

Le demandeur fait appel, arguant que l'annonce constituait une offre de la part du défendeur, qu'O'Brien a dûment acceptée et que, par conséquent, les parties ont formé un contrat contraignant. Le demandeur soutient également que l'annonce constitue une note écrite qui satisfait aux exigences de la loi sur les fraudes (Statute of Frauds).

Il est fondamental que, pour former un contrat, il y ait une offre et une acceptation. Un contrat requiert le consentement mutuel des parties. Calo, Inc. v. AMF Pinspotters, Inc. 31 Ill.App.2d 2, 176 N.E.2d 1 (1961).

La question précise de savoir si une annonce dans un journal constitue une offre qui peut être acceptée pour former un contrat ou si une telle annonce est simplement une invitation à faire une offre n'a pas été tranchée par les tribunaux de l'Illinois. La plupart des juridictions qui se sont penchées sur la question ont considéré qu'une telle annonce n'était qu'une invitation à faire une offre, à moins que les circonstances n'indiquent le contraire. 157 A.L.R. 744 (1945).

Comme indiqué dans Corbin on Contracts § 25 (1963) : « Il est tout à fait possible de faire une offre d'achat ou de vente définitive et opérationnelle par le biais d'une annonce, dans un journal, sur un prospectus ou sur un panneau dans une vitrine. Il n'est cependant pas d'usage de le faire et la présomption est inverse. Ni l'annonceur ni le lecteur de son annonce ne comprennent que le second a le droit de conclure l'affaire sans autre expression de la part du premier. De telles annonces sont considérées comme de simples demandes de réflexion, d'examen et de négociation, et personne ne peut raisonnablement les considérer autrement, à moins que les circonstances ne soient exceptionnelles et que les termes utilisés ne soient très clairs et précis ».

Dans l'affaire Craft v. Elder & Johnston Co. 38 N.E.2d 416 (Ohio App.1941), le défendeur avait publié dans un journal local une annonce indiquant qu'une machine à coudre était à vendre à un certain prix. Le demandeur s'est rendu au magasin et a tenté d'acheter la machine à coudre à ce prix, mais le défendeur a refusé. Estimant que l'annonce dans le journal ne constituait pas une offre ferme, la Cour a jugé qu'une annonce ordinaire dans un journal n'était qu'une simple offre de transaction. Dans l'affaire Ehrlich v. Willis Music Co. 93 Ohio App. 246, 113 N.E.2d 252 (1952), le défendeur avait annoncé dans un journal qu'un téléviseur était en vente au mauvais prix. Le prix réel était dix fois supérieur au prix annoncé. Le tribunal a estimé qu'il ne s'agissait pas d'une offre, mais d'une invitation à visiter le magasin du défendeur. Le tribunal a également estimé que le défendeur aurait dû savoir que le prix était erroné. Dans l'affaire Lovett v. Frederick Loeser & Co, 124 Misc. 81, 207 N.Y.S. 753 (1924), une annonce dans un journal proposant des radios à vendre avec des réductions de 25 à 50 % a été considérée comme une invitation à faire une offre. Accord, People v. Gimbel Bros, 202 Misc. 229, 115 N.Y.S.2d 857 (1952).

Nous concluons que, en l'absence de circonstances particulières, une annonce dans un journal contenant un prix d'achat erroné sans faute de l'annonceur et ne contenant pas d'autres conditions n'est pas une offre qui peut être acceptée pour former un contrat. Nous considérons qu'une telle annonce ne constitue qu'une invitation à faire une offre. Il nous semble clair en l'espèce qu'il n'y a pas eu d'accord de volonté ni le consentement mutuel requis par les deux parties à une proposition précise. Il n'y avait aucune référence à divers aspects matériels relatifs à l'achat d'une voiture, tels que l'équipement à fournir ou les garanties à offrir par la défenderesse. En fait, les termes étaient si incomplets et indéfinis qu'ils ne pouvaient être considérés comme une offre valable.

Dans l'affaire Lefkowitz v. Great Minneapolis Surplus Store, 251 Minn. 188, 86 N.W.2d 689 (1957), le défendeur avait annoncé une étole en fourrure d'une valeur de 139,50 dollars au prix de 1 dollar, mais avait refusé de la vendre au demandeur. En confirmant le jugement en faveur du demandeur, le tribunal a estimé que l'annonce constituait une offre valable et que, dès l'acceptation par le demandeur, un contrat contraignant avait été formé. Toutefois, dans cette affaire, contrairement à la présente, il n'y avait pas d'erreur dans l'annonce, mais le défendeur avait délibérément utilisé une publicité trompeuse. Dans l'affaire Lefkowitz, la Cour a estimé que la question de savoir si une publicité était une offre ou une invitation à faire une offre dépendait de l'intention des parties et des circonstances environnantes.

Dans l'affaire Johnson v. Capital City Ford Company, 85 So.2d 75 (La.App.1955), le défendeur avait annoncé que toute personne qui achetait une automobile de 1954 pouvait l'échanger contre un modèle de 1955 sans frais supplémentaires. Le demandeur a acheté une voiture de 1954 et a ensuite tenté de l'échanger contre un modèle de 1955, mais le défendeur a refusé. Le tribunal a estimé que la publicité constituait une offre dont l'acceptation créait un contrat. Toutefois, dans ce cas, la publicité exigeait l'accomplissement d'un acte par le demandeur, et en achetant la voiture de 1954, le demandeur a accompli cet acte. En l'espèce, la publicité n'exigeait aucun acte de la part du demandeur et nous concluons qu'elle ne constituait pas une offre.

Compte tenu de notre avis sur cette procédure, il n'est pas nécessaire d'examiner la question de savoir si l'annonce dans le journal constituait une note écrite satisfaisant aux exigences de la loi sur les fraudes (Statute of Frauds).

Le jugement de la Circuit Court est confirmé.

Échec confirmé.

DEMPSEY, P.J., et SCHWARTZ, J., sont d'accord.

Vous avez déjà vu la structure d'une affaire dans l'exemple de James L. O'Keefe c. Lee Calan Imports, Inc. Avez-vous pu identifier les différentes parties ? Reconnaître et comprendre ces parties est essentiel pour maîtriser la lecture et l'analyse des textes juridiques. Dans la prochaine section, nous verrons comment rédiger un *« case brief »* à partir de ce cas, ce qui vous permettra de consolider davantage vos compétences et de mieux préparer vos études de droit.

Résumé des cas *(Case Brief)*

Dans les facultés de droit des États-Unis, la lecture et l'analyse des affaires judiciaires constituent un élément fondamental de l'apprentissage. Les étudiants sont confrontés chaque semaine à des dizaines d'affaires portant sur des sujets variés, ce qui peut rendre difficile la mémorisation de tous les détails.

Une stratégie efficace pour gérer cette charge de lecture consiste à élaborer des «*case briefs*». Un *case brief* est un résumé concis d'une affaire judiciaire qui extrait et organise les informations les plus importantes. Ce document permet aux étudiants d'avoir à portée de main les points clés de chaque affaire, ce qui facilite la révision et l'étude.

Dans la culture juridique américaine, la capacité à résumer et à paraphraser est très appréciée. Il est essentiel de pouvoir exprimer les mêmes informations d'une manière plus courte et plus claire. Ceci est particulièrement important dans la section « Faits » d'un *case brief* mais s'applique également aux sections Question, Décision et Analyse. Toutefois, certains termes et expressions ont une signification juridique spécifique et doivent être utilisés tels quels, sans être remplacés par vos propres mots. Trouver le bon équilibre entre la paraphrase et l'utilisation d'une terminologie précise demande de la pratique et de l'expérience.

Bien qu'il n'y ait pas une seule façon correcte de rédiger un *case brief* puisque ces documents sont principalement destinés à l'usage personnel de l'étudiant, il y a quelques éléments communs qui sont souvent inclus. La qualité d'un *case brief* dépend de son utilité pour préparer l'étudiant au cours et de ce que l'enseignant considère comme important.

Les éléments d'un *case brief* sont les mêmes que ceux que l'on trouve dans une affaire judiciaire complète : faits, histoire de la procédure, question, règle ou norme juridique, analyse ou discussion, décision et jugement. Ces éléments permettent aux étudiants de synthétiser les informations cruciales de l'affaire, ce qui en facilite la compréhension et l'étude.

La rédaction d'un *case brief* est une compétence qui s'améliore avec la pratique. Il n'y a pas de bonne ou de mauvaise méthode, car chaque professeur peut avoir des attentes différentes quant à ce qui est important dans un cas. La meilleure façon de s'améliorer est d'essayer, de comparer avec les résumés des autres étudiants et de s'adapter à l'approche de l'enseignant en classe. En outre, de nombreux étudiants ajoutent des notes à leur *case brief* pendant les cours en fonction des discussions ou des questions du professeur, ce qui leur permet d'affiner et d'approfondir leur compréhension de l'affaire.

À quoi ressemble un *case brief*?

Précédemment, vous avez lu l'affaire James O'Keefe c. Lee Calan Imports, Inc. c. Field Enterprises Inc. et vous vous êtes efforcé d'identifier les différentes parties de l'affaire. Nous vous montrons maintenant à quoi ressemblerait un *case brief de* cette même affaire. Voyez comment les faits, l'histoire de la procédure, la question, la règle, l'analyse, la décision et le jugement sont résumés et organisés. Cet exemple vous aidera à visualiser comment décomposer une affaire de manière claire et concise, ce qui vous permettra de comprendre et d'étudier plus facilement la matière juridique.

JAMES O'KEEFE c. LEE CALAN IMPORTS, INC. c. FIELD ENTERPRISES INC.

128 Ill. App. 2d 410 (Cour d'appel de l'Illinois, premier district, troisième division 1970)

Faits.

- Le 31 juillet 1966, la défenderesse annonce la vente d'un break Volvo de 1964.
- Le défendeur a indiqué au journal que le prix était de 1 795 dollars, mais le journal s'est trompé et a publié un prix de 1 095 dollars.
- O'Brien a rendu visite au défendeur, souhaitant acheter la voiture pour 1 095 dollars, mais le défendeur a refusé de la vendre à ce prix.

Histoire de la procédure.

- O'Brien a poursuivi le défendeur pour une prétendue rupture de contrat, puis O'Brien est décédé et l'administrateur de la succession l'a remplacé.
- Field Enterprises s'est jointe à l'affaire en tant que tierce partie, mais a été déboutée.
- Le tribunal a rejeté la demande de jugement sommaire du demandeur et a accueilli la demande de jugement sommaire du défendeur.
- La requérante prétend que l'acceptation constitue un contrat contraignant et que l'annonce est une note écrite qui satisfait aux exigences de la loi sur les fraudes (Statute of Frauds).

Question.

- Une annonce dans un journal est-elle une offre qui peut être acceptée pour former un contrat ou une simple invitation à faire une offre ?

Règle.

- Une publicité est une invitation à faire une offre, sauf si elle utilise des termes clairs et précis ou si elle exige l'accomplissement d'un acte.
- Offre + acceptation = contrat.

Analyse.

- Il n'y a pas eu de consensus ou d'assentiment mutuel entre les deux parties.
- Il n'y avait aucune référence à des questions matérielles relatives à l'achat proposé par la partie défenderesse.
- Des termes incomplets et vagues ne peuvent être considérés comme une offre.

Décision
- L'annonce n'est qu'une invitation à faire une offre. Sauf circonstances particulières, les annonces dans les journaux avec des erreurs et sans autres conditions ne constituent pas une offre de contrat.

Jugement
- Confirmé.

Dans ce chapitre, nous avons abordé des domaines essentiels à votre réussite dans l'environnement éducatif américain. De la nécessité de maîtriser l'EALS à la compréhension des fondements du système juridique et de la méthodologie IRAC pour la rédaction juridique, nous avons abordé les outils essentiels à votre développement académique. En outre, nous avons exploré des stratégies de lecture critique de cas, essentielles pour comprendre et analyser la jurisprudence. En vous préparant à cet environnement académique stimulant, vous serez équipé pour participer activement aux cours et mener des recherches juridiques solides et bien étayées.

Pour exceller dans votre programme d'études, il est également essentiel de tirer parti des ressources disponibles, telles que les bibliothèques, les ateliers et les tutorats. Ces ressources vous apporteront un soutien supplémentaire pour renforcer vos compétences linguistiques, rédactionnelles et votre esprit critique. En investissant du temps et des efforts dans le développement de ces compétences, vous serez mieux préparé à relever les défis académiques et à exceller à la fois dans vos études et dans votre future carrière juridique.

5

ÉTHIQUE POUR LES ÉTUDIANTS EN DROIT

Aux États-Unis, comme dans la plupart des pays, les avocats sont soumis à des codes de déontologie obligatoires qui sont essentiels à la pratique du droit. Ces codes de déontologie réglementent la conduite professionnelle des avocats et garantissent qu'ils agissent avec intégrité, compétence et respect du système judiciaire et de leurs clients. La responsabilité de l'approbation et de l'application de ces codes de déontologie incombe au pouvoir judiciaire de chaque État, ce qui signifie que chaque État peut avoir des variations spécifiques dans ses règles déontologiques.

Outre les codes des États, il existe les **Règles de Conduite Professionnelle de l'American Bar Association (ABA).** Bien qu'elles n'aient pas force de loi, les règles modèles de l'ABA servent de guide complet et sont fréquemment adoptées ou adaptées par les États dans la formulation de leurs propres codes de déontologie. Ces règles fixent des normes en matière de compétence, de confidentialité, de conflits d'intérêts, de communication avec les clients et d'autres aspects essentiels du comportement professionnel des avocats.

Dans ce chapitre, nous examinerons les principes éthiques les plus pertinents pour les étudiants en droit et les futurs juristes, et la manière dont ces principes s'appliquent à la fois à l'école de droit et à la pratique professionnelle. La compréhension de ces codes de déontologie dès le début de votre formation juridique vous préparera à agir de manière responsable et professionnelle au cours de votre carrière.

L'éthique dans la profession juridique n'est pas seulement une obligation réglementaire, mais aussi un pilier essentiel du maintien de la confiance du public dans le système judiciaire. Les avocats ont la responsabilité de servir la justice et de représenter leurs clients avec honnêteté et diligence. Les codes de déontologie garantissent que les avocats se comportent de manière équitable et juste, en évitant tout comportement susceptible de nuire à leurs clients, à l'administration de la justice ou à la réputation de la profession. Dès le premier jour de l'école de droit, il est important que les étudiants intériorisent ces principes éthiques et les appliquent dans leurs études et leur pratique. L'éthique ne s'apprend pas seulement en théorie, elle se pratique aussi dans la vie de tous les jours.

À cet égard, il est important de garder à l'esprit la **Règle 8.1 des Règles de Conduite Professionnelle de l'ABA** (ABA Model Rules of Professional Conduct). Intitulée « Maintenir l'intégrité de la profession », elle énonce les obligations éthiques des candidats à l'admission au barreau et des avocats dans le cadre des demandes d'admission au barreau ou dans les affaires disciplinaires.

Règles modèles de conduite professionnelle de l'ABA Règle 8.1 : Maintien de l'intégrité de la profession

Un candidat à l'admission au barreau, ou un avocat dans le cadre d'une demande d'admission au barreau ou dans le cadre d'une affaire disciplinaire, ne doit pas sciemment faire une fausse déclaration sur un fait important ou omettre de divulguer un fait nécessaire pour corriger un malentendu connu qui s'est produit dans l'affaire, ou omettre sciemment de répondre à une demande légale d'information par une autorité d'admission ou disciplinaire, sauf que la présente règle n'exige pas la divulgation d'informations protégées par la règle 1.6.

Commentaire de l'article 8.1

L'obligation imposée par cette règle s'étend aux personnes cherchant à se faire admettre au barreau ainsi qu'aux avocats. Ainsi, si une personne fait une fausse déclaration dans le cadre d'une demande d'admission, cela peut constituer la base d'une action disciplinaire ultérieure si la personne est admise et, en tout État de cause, cela peut être pertinent pour une demande d'admission ultérieure. L'obligation imposée par cette règle s'applique à la fois à l'admission ou à la discipline de l'avocat et à l'admission ou à la discipline d'autres personnes. Le fait pour un juriste de faire intentionnellement une fausse déclaration ou une omission dans le cadre d'une enquête disciplinaire sur sa propre conduite constitue donc une infraction professionnelle distincte. Le paragraphe (b) de cette règle exige également la correction de toute fausse déclaration antérieure dans l'affaire et la clarification affirmative de tout malentendu par les admissions ou l'autorité disciplinaire dont la personne impliquée prend connaissance.

Implications de la règle 8.1

La règle 8.1 souligne l'importance de l'honnêteté et de la transparence dans la procédure d'admission au barreau et dans les procédures disciplinaires. Cette règle impose des obligations spécifiques aux candidats et aux avocats, qui doivent s'assurer que les informations fournies aux autorités d'admission ou disciplinaires sont complètes et véridiques. En plus d'éviter les fausses déclarations, les candidats et les avocats doivent corriger tout malentendu connu et répondre aux demandes légitimes d'information de la part des autorités. Le défaut de divulgation peut être aussi préjudiciable qu'une fausse déclaration. La règle stipule que les fausses déclarations ou le défaut de divulgation peuvent servir de base à une action disciplinaire future, même si la personne est initialement admise. Cela souligne l'importance de l'intégrité à tous les stades d'une carrière juridique.

En résumé, la règle 8.1 des Règles de Conduite Professionnelle de l'ABA souligne l'obligation éthique des juristes et des candidats d'agir avec intégrité et transparence. Le respect de cette règle est essentiel pour maintenir la confiance dans la profession juridique et pour garantir que les avocats sont dignes de la responsabilité qui accompagne la pratique du droit.

Exemples de violations de l'éthique

Avant de se lancer dans la pratique du droit, il est essentiel que les étudiants en droit comprennent et respectent les principes éthiques qui régissent notre profession. Dans cette section, nous allons explorer des exemples spécifiques de violations éthiques qui peuvent survenir dans l'environnement académique de la faculté de droit. Ces exemples illustrent des situations dans lesquelles les étudiants peuvent être confrontés à des décisions difficiles qui mettent à l'épreuve leur intégrité et leur engagement envers les normes éthiques établies. En examinant ces cas, nous nous efforçons d'encourager une réflexion approfondie sur l'importance de l'honnêteté, de la transparence et de la responsabilité dans la formation de juristes éthiquement responsables et compétents.

- **Déformation des faits.** La présentation erronée d'informations au corps enseignant, à l'administration ou à des employeurs potentiels constitue une violation grave de l'éthique. Il s'agit notamment de toute fausse représentation de réalisations personnelles ou d'informations trompeuses sur d'autres personnes dans le but d'obtenir un avantage académique ou professionnel injuste.

- **Le plagiat.** Le plagiat, qu'il s'agisse de travaux écrits ou d'autres travaux, est un grave manquement à l'éthique qui sape les principes fondamentaux de l'apprentissage et de la recherche. Le fait de ne pas citer correctement les sources originales constitue une violation de l'intégrité académique et professionnelle.

- **Utilisation abusive de matériel académique.** Toute manipulation inappropriée ou non autorisée des ressources académiques, telles que les examens ou les documents protégés par des droits d'auteur, constitue une violation de l'éthique. Le respect des règles établies est essentiel au maintien de l'équité et de l'intégrité dans l'environnement éducatif.

- **Subversion des politiques d'assiduité.** La falsification des registres de présence, telle que la signature d'un camarade de classe absent, est une violation des politiques d'assiduité de l'école de droit. La documentation précise de l'assiduité est essentielle pour évaluer les progrès scolaires et maintenir l'intégrité dans le cadre éducatif.

- **Subversion des politiques relatives aux examens.** Toute action visant à violer les règles établies pour l'administration et la conduite des examens académiques constitue une violation de l'éthique. Cela inclut l'utilisation non autorisée d'appareils électroniques pendant les examens ou la communication non autorisée entre étudiants.

- **Non-divulgation d'une violation.** Le fait de ne pas signaler une violation connue de l'éthique ou de l'enseignement constitue une violation supplémentaire de l'éthique. La transparence et la responsabilité sont fondamentales pour maintenir l'intégrité dans la communauté éducative et professionnelle en promouvant une culture de l'honnêteté et du respect des normes éthiques.

L'étude de ces exemples de violations de l'éthique dans l'environnement de la faculté de droit met en évidence l'importance du respect des principes éthiques et des règles établies. Les étudiants devraient réfléchir à la manière dont ces situations peuvent influencer leur développement professionnel et s'engager à agir avec intégrité dans toutes leurs interactions académiques et leurs futures pratiques juridiques. En adhérant à ces normes, ils renforcent non seulement leur propre réputation éthique, mais contribuent également de manière positive à l'intégrité et au prestige du système juridique dans son ensemble.

Implications possibles pour les écoles de droit

Le non-respect des normes éthiques et académiques établies par la faculté de droit peut entraîner diverses conséquences, allant de mesures disciplinaires à des répercussions à long terme sur la carrière. Voici quelques-unes des conséquences possibles, laissées à la discrétion de la faculté de droit :

- **Note d'échec à un travail** : évaluation négative d'un travail ou d'un examen résultant directement d'une violation de l'éthique ou de l'enseignement.

- **Mesures disciplinaires et procédures de réclamation :** lancement de mesures disciplinaires formelles et de procédures de réclamation conformément aux politiques établies par l'établissement d'enseignement.

- **Suspension ou exclusion :** possibilité d'être temporairement suspendu ou exclu de l'école de droit à la suite d'infractions graves ou répétées.

- **Renvoi au doyen, au vice-doyen académique ou au doyen des étudiants :** renvoi aux autorités administratives supérieures pour examen et mesures disciplinaires appropriées.

- **Atteinte à la réputation :** perte de confiance et de crédibilité au sein de la communauté universitaire et professionnelle, affectant la réputation personnelle et professionnelle.

- **Relevé de notes :** enregistrement officiel de l'infraction sur le relevé de notes de l'étudiant, qui peut influer sur ses perspectives d'études et de carrière.

- **Discipline professionnelle dans la pratique :** impact potentiel sur la carrière professionnelle, y compris la possibilité de faire face à des sanctions éthiques ou disciplinaires une fois dans la pratique active.

- **Nécessité de divulgation future :** obligation de divulguer le manquement éthique ou académique dans les futures demandes d'emploi, d'admission au barreau ou à d'autres organismes professionnels.

Ces conséquences soulignent l'importance de maintenir des normes élevées de conduite éthique et académique pendant les études de droit. Il est essentiel que les étudiants comprennent et respectent les règles établies, non seulement pour satisfaire aux exigences éducatives, mais aussi pour cultiver une réputation d'intégrité et de responsabilité professionnelle qui perdurera tout au long de leur carrière.

Character And Fitness à l'admission au Bar

Lorsqu'il s'agit de soumettre une demande d'admission au barreau, l'un des éléments cruciaux qui est évalué est la moralité et l'aptitude du candidat. Ce processus, connu sous le nom de **« *Character and Fitness* »**, est essentiel pour garantir que seules les personnes qui font preuve d'intégrité et de responsabilité sont admises à exercer le droit. Les paragraphes suivants expliquent l'importance du respect des règles éthiques et la manière dont les violations peuvent compliquer ce processus.

Le processus d'évaluation de la moralité et de l'aptitude est une mesure préventive utilisée par les comités d'admission au barreau pour s'assurer que les futurs avocats possèdent les qualités morales et le comportement éthique nécessaires pour pratiquer le droit. Les avocats doivent non seulement posséder des connaissances juridiques, mais aussi faire preuve d'un comportement qui reflète l'honnêteté, la fiabilité et le respect de la loi. Cet examen est essentiel car les avocats ont une responsabilité fiduciaire envers leurs clients et jouent un rôle crucial dans l'administration de la justice.

Le respect des normes éthiques pendant les études de droit et dans la vie personnelle est essentiel pour éviter des complications futures lors de la demande d'admission au barreau. La commission d'admission au barreau examine les antécédents personnels, universitaires et professionnels du candidat. Toute violation des règles éthiques ou académiques, telle que la falsification d'informations, le plagiat ou la mauvaise conduite, peut constituer un signal d'alarme qui jette un doute sur l'aptitude du candidat. La transparence et l'honnêteté sont essentielles, car toute tentative de dissimuler une violation de l'éthique peut entraîner une disqualification automatique ou des procédures disciplinaires ultérieures.

La réputation d'un avocat commence à se former dès son entrée à la faculté de droit. Les actions et les décisions prises pendant cette période peuvent avoir un impact durable sur la perception des collègues, des professeurs et des futurs employeurs. Le maintien d'une conduite éthique et responsable contribue à bâtir une réputation solide et digne de confiance, ce qui est essentiel à la pratique du droit. Les violations de l'éthique peuvent avoir d'importantes répercussions à long terme, notamment la nécessité de divulguer les faits dans toutes les candidatures professionnelles futures, la possibilité de faire face à des sanctions disciplinaires et des dommages irréparables à la réputation personnelle et professionnelle.

Le maintien d'un comportement éthique et le respect des normes établies sont non seulement essentiels pour répondre aux exigences des facultés de droit, mais aussi pour garantir une évaluation positive lors de la procédure d'admission au barreau. Des antécédents d'intégrité et de responsabilité facilitent non seulement l'admission, mais jettent également les bases d'une carrière réussie et respectée dans la pratique du droit.

En conclusion, nous devons souligner que l'éthique est un pilier fondamental de la formation et de la pratique de tout juriste. Il est essentiel de se rappeler que les violations de l'éthique pendant les études de droit peuvent avoir de graves conséquences, allant de sanctions académiques à une éventuelle disqualification dans le cadre du processus d'admission au barreau. La règle 8.1 des ABA Règles de Conduite Professionnelle de l'ABA souligne l'importance du maintien de l'intégrité, exigeant l'honnêteté et la transparence tant pour l'admission au barreau que pour toute question disciplinaire.

En outre, nous avons compris la gravité des conséquences qui peuvent résulter d'une mauvaise conduite, notamment la perte de réputation et les complications professionnelles futures. Enfin, nous avons abordé l'importance du processus d'évaluation de la moralité et de l'aptitude, en soulignant à quel point un dossier d'intégrité et de conduite éthique est vital pour l'admission à la pratique du droit.

En bref, le respect des principes éthiques est non seulement essentiel à la réussite universitaire et professionnelle, mais il est également fondamental pour maintenir la confiance du public dans le système juridique. En intégrant ces principes dans leur vie quotidienne et professionnelle, les étudiants en droit se préparent non seulement à une carrière réussie, mais contribuent également à la préservation de la justice et de l'intégrité dans la profession juridique.

6

UNE JOURNÉE SCOLAIRE NORMALE

Nous avons abordé tous les sujets, de la préparation à la vie loin de chez soi aux questions éthiques cruciales à prendre en compte en tant qu'étudiant en droit. Il est maintenant temps d'examiner ce que sera votre vie quotidienne à la faculté de droit. Comprendre la routine quotidienne et savoir à quoi s'attendre vous aidera à relever les défis et à saisir les opportunités qui vous attendent.

L'importance du Syllabus

Dès le début du semestre, les matières inscrites mettront le syllabus sur la plateforme. Le syllabus est un document essentiel que chaque enseignant fournit au début du semestre. Ce document détaillé comprend la description du cours, les objectifs d'apprentissage, l'horaire des cours, les lectures obligatoires, les dates des examens et des travaux, ainsi que les règles du cours.

L'examen du programme est crucial car il vous permet de planifier et d'organiser votre temps de manière efficace, en vous assurant que vous êtes conscient de toutes les attentes et exigences du cours. En outre, le programme vous donne un aperçu clair de la structure du cours et vous aide à anticiper votre charge de travail hebdomadaire, ce qui vous permet de répartir votre temps d'étude et de préparation de manière équilibrée.

Le syllabus sert également de contrat entre l'enseignant et les étudiants. En le lisant attentivement, vous comprendrez mieux ce que l'on attend de vous en termes de participation, d'assiduité et de qualité du travail. Vous y trouverez notamment des informations sur la manière dont vos devoirs et vos examens seront notés, ainsi que sur les règles d'assiduité et de ponctualité. Connaître ces règles vous permet d'éviter les malentendus et d'entretenir de bonnes relations avec vos professeurs.

Le programme peut également contenir des informations sur les ressources supplémentaires que l'enseignant peut offrir, telles que les heures de bureau, les sessions de révision et le matériel d'étude supplémentaire. Tirer parti de ces ressources peut être la clé de votre réussite dans le cours. Il est également conseillé de consulter régulièrement le programme tout au long du semestre pour vous assurer que vous respectez toutes les exigences et les dates importantes.

En plus du syllabus, il est essentiel de vous familiariser avec les politiques générales de l'université concernant les examens de rattrapage, les absences et autres procédures administratives. Ces politiques, qui sont généralement détaillées dans le manuel de l'étudiant ou sur le site web de l'université, complètent et développent les informations contenues dans le syllabus de chaque cours. La connaissance de ces règles vous permet de mieux comprendre vos droits et responsabilités en tant qu'étudiant, ainsi que les conséquences du non-respect des règles établies.

Par exemple, les politiques de l'université en matière d'examens de rattrapage peuvent varier de manière significative par rapport aux politiques spécifiques au cours. Connaître à l'avance les procédures et les conditions à remplir pour demander un examen de rattrapage en cas de maladie ou d'urgence vous permettra d'agir rapidement et de manière appropriée si une situation imprévue se présente. En outre, connaître les règles relatives aux absences excusées et non excusées vous permet d'éviter les problèmes susceptibles d'affecter vos résultats scolaires et vos notes.

Les politiques générales de l'université peuvent également inclure des informations sur la conduite académique et disciplinaire, l'utilisation des installations et des ressources de l'université et la procédure de dépôt de plaintes ou de recours. Le fait d'être bien informé sur ces questions vous permet de naviguer dans l'environnement universitaire avec plus de confiance et de sécurité, et vous prépare à faire face à toute situation pouvant survenir pendant votre séjour à l'école de droit.

En résumé, connaître à la fois le programme de chaque cours et les politiques générales de l'université vous permet de comprendre les attentes académiques et administratives. Cette dualité d'informations est essentielle pour maintenir un parcours académique réussi et éviter les malentendus ou les problèmes qui peuvent affecter votre expérience universitaire.

Maintenir les Lectures à Jour

Il est essentiel de se tenir au courant des lectures hebdomadaires prévues dans le programme. Ces lectures, qui consistent généralement en des affaires judiciaires, constituent la base des discussions en classe et de l'apprentissage à l'école de droit. La lecture et la compréhension de chaque affaire sont essentielles à votre réussite académique et professionnelle. Pour ce faire, il est conseillé de rédiger des *case briefs sur* chaque affaire que vous lisez. Comme nous l'avons vu, un *case brief* est un résumé concis qui met en évidence les faits pertinents, la question juridique, la règle applicable, l'analyse et la conclusion de l'affaire. Cet exercice vous permettra non seulement de mieux assimiler la matière, mais aussi de vous préparer aux questions et aux discussions en classe.

Pour comprendre les affaires, il ne suffit pas de les lire; vous devez les analyser et y réfléchir. Recherchez d'autres affaires connexes qui peuvent vous aider à mieux comprendre le contexte et les implications des décisions de justice. Cette approche vous permettra de voir comment le droit est appliqué dans différentes circonstances et vous aidera à développer une pensée critique et analytique. En outre, le fait de poser des questions hypothétiques sur les affaires vous prépare aux questions que le professeur pourrait vous poser en classe. Ces types de questions explorent souvent les variations des faits et la manière dont elles peuvent affecter l'application du droit. En vous entraînant à poser ces questions, vous vous sentirez plus confiant et mieux préparé à participer activement aux discussions en classe.

En outre, il est utile de discuter des cas et des lectures avec vos camarades de classe. Former des groupes d'étude peut être un excellent moyen d'échanger des idées, de clarifier des doutes et d'approfondir votre compréhension des questions. La diversité des points de vue vous enrichira et vous permettra de mieux comprendre les nuances de chaque cas.

La mise à jour de vos lectures et l'approfondissement de votre analyse des affaires vous permettront d'acquérir une base solide de connaissances et de compétences qui seront essentielles à vos performances académiques et à votre future carrière d'avocat. Cette discipline vous aidera à être toujours prêt et à tirer le meilleur parti de chaque cours et de chaque discussion.

La Méthode Socratique et les *Cold Calls*

L'apprentissage à la faculté de droit est basé sur la méthode socratique, une technique pédagogique qui remonte à la Grèce antique et qui est utilisée pour encourager la pensée critique et la compréhension profonde des concepts juridiques. Cette méthode se caractérise par une approche sous forme de questions et de réponses dans laquelle l'enseignant incite les étudiants à penser de manière analytique et à articuler leurs pensées de manière claire et logique. L'objectif principal est d'aider les étudiants à développer des compétences essentielles à la pratique du droit, telles que les compétences analytiques, le raisonnement logique et l'articulation efficace des arguments. Cette technique permet non seulement d'améliorer la compréhension des questions juridiques, mais aussi de promouvoir l'indépendance intellectuelle et la confiance dans la capacité à raisonner et à argumenter.

Dans un cours basé sur la méthode socratique, l'enseignant ne transmet pas directement des informations, mais guide les étudiants à travers une série de questions stratégiques. Ces questions sont conçues pour aider les étudiants à découvrir les réponses par eux-mêmes et à mieux comprendre les principes sous-jacents du sujet étudié. Cette approche exige des étudiants qu'ils viennent en classe bien préparés, après avoir lu et analysé le matériel assigné. L'apprentissage relève en grande partie de la responsabilité de l'étudiant, qui doit être prêt à participer activement à la discussion et à relever le défi intellectuel que cette méthode implique. Les étudiants doivent être proactifs dans leur préparation, en analysant les cas en détail et en anticipant les questions que l'enseignant pourrait soulever.

La préparation d'un cours socratique implique non seulement de lire les cas assignés, mais aussi de les analyser en profondeur. Les étudiants doivent être en mesure d'identifier les faits pertinents, les questions juridiques, les règles applicables et le raisonnement du tribunal. En outre, ils doivent être prêts à discuter de la manière dont ces principes pourraient s'appliquer à des faits différents ou de la manière dont ils pourraient changer si les circonstances étaient différentes. Ce niveau de préparation garantit que les étudiants peuvent participer de manière significative à la discussion et bénéficier pleinement de la méthode socratique. La capacité à analyser un cas sous plusieurs angles et à prévoir les variations possibles des faits est cruciale pour réussir dans ce type de cours.

L'un des outils clés de la méthode socratique est le « *cold calls* ». Il s'agit d'une technique par laquelle l'enseignant appelle au hasard les étudiants pendant le cours pour qu'ils répondent à des questions sur les affaires étudiées. Ces questions peuvent porter sur les faits de l'affaire, les règles juridiques applicables, l'analyse et les implications de la décision judiciaire. L'idée derrière les *cold calls* est de s'assurer que tous les étudiants restent engagés et préparés, car n'importe qui peut être appelé à participer à tout moment. Cette technique favorise une culture de préparation et d'attention constantes en classe, car le fait de ne pas savoir quand on vous demandera de parler vous oblige à être toujours prêt. En outre, la pression des *cold calls* peut simuler la pression des situations réelles dans la pratique du droit, ce qui prépare mieux les étudiants à leur future carrière.

Par exemple, l'enseignant peut demander : « quels sont les faits pertinents de cette affaire ? », « quelle est la règle de droit qui s'applique ici ? » ou « comment justifieriez-vous la décision du tribunal ? ». Ces questions obligent non seulement les étudiants à connaître la matière, mais les aident également à développer leurs capacités de réflexion et de réaction rapide sous pression, une compétence essentielle pour tout juriste. En s'entraînant régulièrement à répondre à ces questions en classe, les étudiants se préparent à des situations similaires dans leur future carrière, où ils devront penser et réagir rapidement et avec précision. En outre, en affrontant et en surmontant le défi des *cold calls*, les étudiants acquièrent la confiance nécessaire pour argumenter et défendre efficacement leurs positions.

Outre les *cold calls*, la méthode socratique comprend l'utilisation de **« questions socratiques ».** Il s'agit de questions conçues pour approfondir l'analyse de l'étudiant et amener la discussion à un niveau plus profond. Par exemple, l'enseignant peut demander : « que se serait-il passé si les faits de l'affaire avaient été différents », « comment cette règle affecterait-elle une affaire avec des circonstances différentes ? » ou « quelles sont les critiques possibles de cette décision de justice ? ». Ces questions sont conçues pour explorer les limites et les implications des règles juridiques, ainsi que pour encourager la pensée critique et analytique. Ces questions demandent aux étudiants non seulement de comprendre l'affaire en question, mais aussi d'être capables de l'appliquer à de nouvelles situations et de réfléchir de manière créative à la façon dont les règles juridiques peuvent évoluer ou être interprétées de différentes manières.

La méthode socratique encourage également la discussion et le débat entre les étudiants. Pendant un cours, il est courant que l'enseignant permette aux étudiants de répondre ou de réfuter les réponses des autres, créant ainsi un environnement dynamique et collaboratif. Cette interaction non seulement enrichit la compréhension des étudiants, mais les aide également à développer des compétences importantes pour la pratique du droit, telles que la capacité d'écouter et de répondre efficacement aux arguments des autres. Les débats en classe permettent aux étudiants de voir plusieurs perspectives sur la même question, ce qui renforce leur capacité à construire et à déconstruire des arguments de manière efficace.

En outre, la méthode socratique prépare les étudiants aux exigences de la pratique juridique réelle, où les avocats doivent être prêts à penser rapidement, à articuler leurs arguments de manière persuasive et à répondre aux questions et défis inattendus des juges, des adversaires et des clients. La capacité à s'adapter et à répondre efficacement dans ces situations est cruciale pour réussir dans la pratique du droit.

En bref, la méthode socratique et le démarchage téléphonique sont des éléments fondamentaux de l'enseignement juridique. Arriver toujours préparé en classe n'est pas seulement crucial pour réussir à l'école de droit, mais cela prépare aussi les étudiants au monde rigoureux et exigeant de la pratique juridique. La capacité à réfléchir rapidement, à formuler des arguments clairs et à répondre à des questions difficiles sont des compétences qui se développent et s'affinent grâce à cette méthode, préparant ainsi les futurs avocats aux défis qu'ils rencontreront dans leur carrière professionnelle. Le dévouement et les efforts investis dans la préparation des cours socratiques se traduisent par une solide formation juridique qui dote les étudiants des outils nécessaires pour exceller dans leur profession.

Prendre des Notes Pendant les Cours

Une prise de notes efficace pendant les cours est une compétence essentielle pour réussir à l'école de droit. La complexité de la matière et le rythme rapide des discussions en classe font qu'il est essentiel de saisir autant d'informations que possible. Vous trouverez ci-dessous quelques stratégies et considérations pour prendre des notes de manière efficace et organisée.

Il est important de prendre autant de notes que possible pendant les cours. Les discussions socratiques et les explications détaillées des professeurs contiennent souvent des informations précieuses que l'on ne trouve pas dans les textes. Prendre des notes détaillées vous permet de revoir et de mieux comprendre la matière plus tard, en particulier lors de la préparation des examens.

Certains enseignants peuvent avoir des politiques spécifiques concernant l'utilisation d'appareils électroniques en classe. D'autres préfèrent que les étudiants prennent des notes à la main pour éviter les distractions et favoriser une meilleure rétention de l'information. Des études ont montré que la prise de notes à la main peut améliorer la compréhension et la mémoire, car elle nécessite un traitement plus approfondi de l'information. Si vos professeurs exigent que vous preniez des notes à la main, assurez-vous d'avoir tout le matériel nécessaire, comme des cahiers et des stylos, et de vous préparer à cette méthode de prise de notes.

Utilisation d'abréviations

L'utilisation d'abréviations peut accélérer le processus de prise de notes et vous aider à saisir plus d'informations en moins de temps. Voici quelques abréviations courantes dans les facultés de droit qui pourraient vous être utiles: [15]

- Π o P : Plaintiff (plaignant).
- Δ o D : Defendant (défendeur).
- § : Section (section).
- K : Contract or contracts (contrat ou contrats).
- Jdx : Jurisdiction (juridiction).
- Rev'd : Reversed (renversé).
- Affirmé : Affirmed (affirmé).
- TC : Trial court (tribunal de première instance).
- AC : Appellate court (cour d'appel).
- DC : District court (tribunal de district).
- SC ou S.Ct. : Supreme court (Cour suprême).
- TRO : Temporary restraining order (ordonnance restrictive temporaire).
- MTD : Motion to dismiss (motion de rejet).
- Ev. : Evidence (preuve)
- b/c : Because (parce que).
- a/st : Against (contre).
- E'er : Employer (employeur).
- E'ee : Employee (employé).
- w/ : With (avec).
- w/o : Without (sans).
- re: About (a propos de).
- Inxn : Injunction (injonction).
- Summ. Jdg. ou S.J. : Summary Judgment (jugement sommaire).
- FRCP : Federal Rules of Civil Procédure (Règles fédérales de procédure civile).
- R, R2 : Restatement of Law, Restatement Second (réaffirmation de la loi, deuxième réaffirmation).

---

[15]   Abréviations fournies par Berkeley Law, disponibles à l'adresse https://www.law.berkeley.edu/files/abbreviations.doc.

L'utilisation de ces abréviations vous permettra de prendre des notes plus rapidement et de suivre le rythme de la classe.

Méthode Cornell

La méthode Cornell est une technique de prise de notes structurée qui peut s'avérer particulièrement utile à la faculté de droit. Elle divise la page en trois sections : la colonne des notes, la colonne des mots-clés et le résumé. Voici comment l'utiliser :

1. Colonne des notes : utilisez la plus grande section de la page pour rédiger vos notes pendant le cours. Vous y consignerez les informations principales, les discussions de cas, les arguments et les questions socratiques.

2. Colonne des mots-clés : à gauche de la colonne des notes, réservez une section plus étroite pour les mots-clés et les questions. Après le cours, relisez vos notes et notez les mots-clés, les concepts importants et les questions qui peuvent se poser. Cela vous aidera à identifier rapidement les points importants lorsque vous reverrez vos notes plus tard.

3. Résumé : en bas de la page, rédigez un bref résumé des notes. Cette étape est bénéfique car elle vous oblige à revoir la matière et à y réfléchir, en scellant les connaissances acquises. L'examen et le résumé de vos notes vous aident à consolider les informations dans votre mémoire à long terme et à identifier les domaines qui nécessitent des éclaircissements ou un examen plus approfondi.

Autres méthodes de prise de notes

Outre la méthode Cornell, d'autres approches peuvent s'avérer utiles en fonction de votre style d'apprentissage et des exigences spécifiques de vos cours :

1. Méthode de la carte mentale : cette méthode utilise des diagrammes visuels pour organiser l'information de manière hiérarchique et montrer les relations entre les concepts. Elle est particulièrement utile pour les sujets complexes et visuels, car elle vous aide à voir la structure de l'information d'un seul coup d'œil.

2. Méthode du plan : organisez vos notes en niveaux hiérarchiques, avec des titres et des sous-titres représentant les informations principales et les détails. Cette méthode est efficace pour structurer vos notes de manière logique et claire, ce qui facilite la relecture et l'étude.

3. Méthode de Charting : elle consiste à diviser la page en colonnes et en lignes, créant ainsi un tableau pour organiser l'information. Cette méthode est utile pour comparer et opposer différents concepts, cas ou arguments.

En explorant et en adaptant différentes méthodes de prise de notes, vous pouvez trouver celle qui répond le mieux à vos besoins et maximiser votre compréhension et votre rétention de la matière.

Là encore, une prise de notes efficace est une compétence essentielle à la faculté de droit. En combinant une préparation adéquate, l'utilisation d'abréviations et de techniques telles que la méthode Cornell ou le mind mapping, vous pouvez améliorer de manière significative votre capacité à saisir et à organiser les informations pendant les cours. Une pratique régulière et l'adaptation de vos méthodes de prise de notes aux besoins spécifiques de chaque classe et de chaque professeur vous aideront à maximiser votre apprentissage et vos performances académiques.

Après l'école

Une fois les cours terminés, une autre phase cruciale de votre apprentissage commence : la révision et l'organisation de vos notes. Ce processus est essentiel pour consolider ce que vous avez appris et préparer le terrain pour réussir vos examens finaux. Il est essentiel de réviser vos notes après chaque cours. Prenez le temps, chaque jour, de lire vos notes et de vous assurer que vous avez compris tous les concepts. Si quelque chose vous semble confus ou peu clair, c'est le moment idéal pour le clarifier. Vous pouvez consulter vos manuels, chercher des ressources supplémentaires en ligne ou demander plus d'informations à vos camarades de classe ou à vos professeurs.

Traduire les idées en termes plus clairs est une étape importante dans la compréhension de la matière. Réécrivez ou réorganisez vos notes si nécessaire, en utilisant vos propres mots pour expliquer les concepts. Cela permet non seulement d'améliorer votre compréhension, mais aussi de faciliter les révisions ultérieures. Organisez également vos notes de manière logique, en regroupant les sujets connexes et en créant des liens entre les différents concepts.

Au fur et à mesure que vous clôturez les sujets, il est bon de commencer à créer un plan *(outline)* de la matière. ***Outlining*** est un processus de structuration de vos notes et de vos lectures dans un format plus condensé et organisé. Ces schémas serviront de guides d'étude et de résumés efficaces pour les examens finaux. Dans le chapitre suivant, nous verrons en détail comment créer et utiliser ces schémas.

La participation à des groupes d'étude peut être extrêmement bénéfique. Discuter de la matière avec vos pairs vous permet de voir différentes perspectives et de clarifier vos doutes. En outre, le fait d'expliquer des concepts aux autres est un excellent moyen de renforcer votre propre compréhension. Veillez à ce que le groupe reste concentré et structuré afin de tirer le meilleur parti de votre temps d'étude.

N'hésitez pas à utiliser des ressources supplémentaires pour compléter vos études. Il existe de nombreux ouvrages de préparation aux examens de droit, des vidéos éducatives en ligne et des plateformes d'apprentissage qui peuvent vous fournir des explications et des exemples supplémentaires. L'utilisation de ces ressources peut vous aider à mieux comprendre les sujets les plus difficiles et à vous préparer de manière plus approfondie aux examens.

Le travail ne s'arrête pas à la fin des cours. La révision et l'organisation de vos notes, la création de plans et la participation à des groupes d'étude sont des activités essentielles pour assurer votre réussite à l'école de droit. Alors que vous vous préparez aux examens finaux, ces pratiques vous aideront à consolider vos connaissances et à aborder la matière de manière plus efficace. Dans le prochain chapitre, nous verrons en détail comment créer des plans efficaces qui vous prépareront aux examens finaux.

Bien qu'il puisse sembler écrasant de faire tout ce qu'il y a à faire à la faculté de droit, il est essentiel de ne pas oublier de prendre soin de votre santé mentale. Utilisez les méthodes d'étude et d'organisation qui ont fonctionné jusqu'à présent dans votre vie universitaire et n'hésitez pas à demander de l'aide lorsque vous en avez besoin. Maintenez un équilibre entre vos responsabilités académiques et votre bien-être personnel pour garantir un succès durable et une expérience enrichissante.

7

EXAMENS DE L'ÉCOLE DE DROIT

Les examens de la faculté de droit sont un élément fondamental du processus académique et jouent un rôle crucial dans l'évaluation des performances des étudiants. Contrairement à d'autres domaines d'études, les examens en droit ne mesurent pas seulement les connaissances des étudiants, mais aussi leur capacité à appliquer des principes juridiques à des situations complexes et leur aptitude à faire preuve d'esprit critique sous pression.

Ce chapitre est conçu pour vous guider à travers tout ce que vous devez savoir pour aborder avec succès les examens de l'école de droit, de la préparation et des techniques d'étude aux stratégies spécifiques pour chaque type d'examen. Vous apprendrez à structurer les réponses aux dissertations, à aborder les questions à choix multiples et à analyser les cas de manière efficace. En outre, nous vous donnerons des conseils sur la manière de gérer votre temps et votre stress pendant la saison des examens. En maîtrisant ces compétences, vous améliorerez non seulement vos résultats scolaires, mais vous vous préparerez également aux défis professionnels auxquels vous serez confronté en tant qu'avocat.

Comprendre le test

L'une des premières étapes cruciales de la préparation aux examens des facultés de droit consiste à bien comprendre le format de l'examen et ses exigences spécifiques. Cela comprend plusieurs aspects clés qui peuvent influencer votre approche de l'étude et la façon dont vous vous préparez pour le jour de l'examen.

Tout d'abord, il est essentiel de déterminer si l'examen se déroulera open book *ou closed book*. Un examen **open book** permet d'utiliser des documents de référence tels que des manuels, des notes et des textes de loi pendant l'examen. Cela peut être avantageux pour se référer à des détails spécifiques de la loi ou pour citer directement des cas pertinents. En revanche, un examen **closed book** ne permet pas l'utilisation de documents supplémentaires pendant l'examen, ce qui exige une préparation plus rigoureuse et une compréhension approfondie de la matière que vous devez mémoriser.

En outre, il est important de déterminer si le test consistera en des questions à choix multiples ou en des questions à développement. Dans le cas des questions **à choix multiples,** elles commencent généralement par un *fact pattern* ou un scénario qui sert de base aux questions suivantes. Cette question présente différentes options que les étudiants doivent analyser et pour lesquelles ils doivent choisir une réponse. Les examens sous forme de **essai**, quant à eux, demandent aux étudiants de développer des réponses détaillées et argumentées à une question juridique spécifique sur la base d'un *fact pattern* fourni.

Quel que soit le type d'examen, le **fact pattern** joue un rôle crucial. Ce scénario présente une situation juridique complexe que les étudiants doivent analyser et appliquer correctement aux règles juridiques pertinentes. Comprendre les détails et les nuances du *fact pattern* est essentiel pour identifier les questions juridiques pertinentes et développer des arguments précis et convaincants. Cette compétence permet non seulement d'améliorer les performances aux examens, mais reflète également la pratique juridique réelle, où la clarté et la précision dans l'identification des faits pertinents sont essentielles pour obtenir des résultats positifs dans les affaires et les plaidoiries juridiques.

Dans les examens juridiques, il est essentiel de faire la distinction entre les **red herrings,** qui sont des faits non pertinents susceptibles de détourner l'attention des questions juridiques centrales, et les faits juridiquement pertinents. Les *red herrings* peuvent faire perdre du temps et compliquer inutilement la réponse, alors que l'identification et la concentration sur les faits juridiquement pertinents sont essentielles pour élaborer des arguments juridiques précis et convaincants. Cette compétence permet non seulement d'améliorer les performances à l'examen, mais reflète également la pratique juridique réelle, où la clarté et la précision dans l'identification des faits pertinents sont essentielles pour obtenir de bons résultats.

D'autres considérations incluent le pourcentage que l'examen représente dans votre note finale de cours et toute politique spécifique de l'enseignant concernant la structure de l'examen. Certains examens peuvent comporter une combinaison de questions à choix multiples et de questions à développement, ce qui nécessite une préparation polyvalente adaptée à des formats de questions multiples.

Une fois que vous avez bien compris le format et les exigences de l'examen, vous pouvez mettre en œuvre des stratégies efficaces pour votre préparation :

- Entraînez-vous à l'aide d'anciens examens. L'utilisation d'anciens examens ou d'examens blancs vous offre une occasion précieuse de vous familiariser avec le format spécifique de l'examen et les attentes du professeur. La bibliothèque de la faculté de droit offre souvent l'accès à des archives d'anciens examens, classées par cours et par professeur, ce qui vous permet de vous entraîner dans des conditions similaires à celles du jour de l'examen. Cela vous permet d'identifier vos points forts et ceux qui nécessitent plus d'attention, et d'adapter votre stratégie d'étude en conséquence.

- Élaborer des schémas et des résumés. La création de schémas et de résumés détaillés des sujets clés est une technique efficace pour organiser et consolider les informations. En synthétisant des concepts complexes dans un format clair et concis, vous pouvez visualiser la structure du cours et vous assurer que vous avez une compréhension approfondie de chaque sujet. Ces ressources sont particulièrement utiles pour réviser rapidement avant l'examen et vous rafraîchir la mémoire sur des points spécifiques.

- Participez à des groupes d'étude. Rejoindre des groupes d'étude vous donne l'occasion de discuter de problèmes et de théories juridiques avec vos pairs. Grâce à ces discussions, vous pouvez non seulement renforcer votre compréhension des questions, mais aussi voir différentes perspectives et approches des problèmes juridiques. Expliquer des concepts à d'autres personnes et écouter différentes interprétations peut vous aider à consolider votre propre compréhension et à résoudre les doutes que vous pourriez avoir.

- Gestion efficace du temps. La gestion du temps pendant vos études et vos examens est essentielle pour maximiser vos performances. Organisez votre temps d'étude de manière efficace, en allouant des périodes spécifiques pour réviser chaque sujet et vous entraîner aux exercices de l'examen. Pendant l'examen proprement dit, gardez l'œil sur l'horloge pour vous assurer de terminer toutes les sections dans le temps imparti, en donnant la priorité aux questions qui peuvent avoir le plus de poids dans la note finale.

- Prenez soin de votre santé mentale et physique. Il est essentiel de maintenir un bon équilibre entre études et repos pour obtenir des performances optimales pendant la période d'examen. Veillez à faire des pauses régulières et à dormir suffisamment pour conserver votre énergie et votre concentration. Pratiquez des techniques de gestion du stress, telles que la méditation ou l'exercice, afin de conserver un État d'esprit positif et de réduire l'anxiété avant et pendant les examens. Prendre soin de votre bien-être physique et émotionnel vous aidera à maintenir un haut niveau de performance académique à long terme.

En comprenant parfaitement l'examen et en adaptant votre préparation en conséquence, vous aurez la confiance et les compétences nécessaires pour relever avec succès les défis académiques de l'école de droit.

Conseils pour Chaque Type d'Examen

Tests à choix multiples

1. Lisez l'interrogatoire : commencez par lire attentivement l'interrogatoire ou les questions d'ouverture de l'épreuve. Vous aurez ainsi une idée claire des questions et des concepts juridiques qui seront testés.

2. Analyser les *fact pattern* : après avoir compris l'interrogatoire, passez à l'analyse des *fact pattern* ou du scénario fourni. Identifiez les détails clés et les situations juridiques qui vous permettront de répondre aux questions.

3. Examiner les options de réponse : une fois que vous avez bien compris l'interrogatoire et le *fact pattern*, examinez les options de réponse disponibles. Évaluez chacune d'entre elles en fonction des faits présentés et des règles juridiques applicables. Éliminez les options incorrectes afin d'augmenter vos chances de sélectionner la bonne réponse.

Voici un exemple concret de la manière dont une question d'examen à choix multiple peut être considérée comme un *fact pattern*.[16]

Une femme de l'État A a intenté une action contre un détaillant devant le tribunal d'État de l'État B. L'action alléguait que le détaillant n'avait pas livré des marchandises d'une valeur de 100 000 $ pour lesquelles la femme avait payé.

Vingt jours après la notification, le détaillant, qui est constitué dans l'État C et dont le siège social se trouve dans l'État B, a déposé un avis de renvoi auprès d'un tribunal fédéral de district dans l'État B.

---

[16] Copyright © 2016, 2021 par la National Conference of Bar Examiners. Tous droits réservés.

L'action a-t-elle été correctement supprimée ?

A. Non, parce que l'avis de renvoi n'a pas été déposé dans les délais.
B. Non, car le détaillant est un citoyen de l'État B.
C. Oui, parce que les parties sont des citoyens d'États différents et que le litige porte sur plus de 75 000 dollars.
D. Oui, car le détaillant est citoyen à la fois de l'État B et de l'État C.

Examens de contrôle

1. Comprendre la question : commencez par bien comprendre la question de la dissertation ou l'invite fournie. Identifiez les questions juridiques spécifiques à aborder dans votre réponse.

2. Analyser le *fact pattern* : après avoir compris la question, analysez le *schéma des faits* ou le scénario factuel en détail. Mettez en évidence les éléments clés et les relations juridiques qui doivent être abordés dans votre réponse.

3. Appliquez la méthode IRAC : organisez votre réponse en utilisant la méthode IRAC (*Issue, Rule, Application, Conclusion*).

4. Utilisez des cas et des doctrines pertinents : étayez vos arguments en utilisant des cas et des doctrines juridiques pertinents. Vous démontrerez ainsi votre compréhension approfondie de la matière et renforcerez votre réponse.

5. Révisez et affinez : vérifiez votre réponse à la fin pour vous assurer que vous avez couvert tous les aspects de la question. Ajustez les détails nécessaires pour améliorer la clarté et la cohérence de votre argumentation.

L'adoption de ces mesures vous aidera à vous préparer efficacement aux deux types d'examens, en optimisant votre capacité à démontrer vos connaissances et vos compétences au cours de la période d'évaluation.

Voici un exemple de dissertation standard pour un examen de droit :

À Albany, dans l'État de New York, trois amis, Emily, David et Lisa, décident de créer une société en nom collectif appelée Albany Artisan Crafts, qui se consacre à la vente d'artisanat local et à l'organisation d'ateliers créatifs. Selon leur contrat de société, tous les achats supérieurs à 500 dollars doivent être approuvés au préalable par au moins deux associés.

Cependant, Lisa, sans obtenir l'approbation requise, signe deux contrats au nom d'Albany Artisan Crafts : elle achète pour 100 dollars d'aquarelles dans un magasin local, pour 1500 dollars de toiles à peindre, et achète une bague pour 3000 dollars. Sur chaque contrat, elle s'identifie comme "Albany Artisan Crafts, par Lisa Thompson, associée".

Deux mois plus tard, le fournisseur de matériaux présente une facture de 4600 $ à Albany Artisan Crafts pour les matériaux en souffrance. Emily, l'une des associées, refuse de payer la facture, arguant que Lisa n'était pas autorisée à effectuer ces achats.

1) La responsabilité contractuelle d'Albany Artisan Crafts est-elle engagée pour l'achat a) des aquarelles, b) des toiles et c) de la bague ?

2) Que se passe-t-il si, avant que Lisa n'effectue ces achats, David envoie au fournisseur de matériaux une copie de l'accord de partenariat par courrier recommandé, avec accusé de réception, signé par lui ?

Cet exemple de procès constitue une plate-forme solide pour l'analyse juridique en raison de sa complexité et des diverses situations soulevées. En explorant les décisions des partenaires d'Albany Artisan Crafts et les implications juridiques de leurs actions sans autorisation appropriée, ce cas offre de multiples perspectives et domaines de discussion. Ce scénario ne met pas seulement à l'épreuve la compréhension des règles juridiques par les étudiants, mais favorise également le développement de compétences critiques pour l'argumentation et l'application du droit dans des contextes commerciaux complexes.

La préparation par *Outlining*

Préparer un **outline** efficace est essentiel pour organiser vos études de manière systématique et compréhensible avant les examens. Cette méthode vous permet de visualiser la structure du cours, d'identifier les concepts clés et de hiérarchiser les informations les plus pertinentes. Je vous guiderai ici à travers un processus détaillé de création d'un *outline* solide et vous fournirai des conseils pratiques sur la manière d'optimiser son utilisation.

Le *outline* est une feuille de route détaillée qui facilite la compréhension et la mémorisation de la matière. En divisant le contenu en sections claires et logiques, il vous aide à établir des liens entre les différents concepts et sujets du cours. Cela vous permet non seulement d'étudier plus efficacement, mais aussi de vous préparer à répondre efficacement aux questions d'examen qui peuvent porter sur des sujets divers et complexes.

La création d'un *outline* efficace nécessite une attention particulière aux détails et une organisation claire. Voici quelques conseils pratiques pour maximiser l'utilité de votre *outline* :

- **Simplifiez et clarifiez :** utilisez un langage clair et concis dans votre *plan*. Évitez les redondances et veillez à ce que chaque point soit facilement compréhensible. Utilisez les termes juridiques et techniques de manière précise et appropriée afin de refléter fidèlement les concepts juridiques et légaux.

- **Organisation visuelle :** utilisez des techniques visuelles telles que les puces, la numérotation ou les hiérarchies pour structurer votre *outline de* manière claire et organisée. Cela facilitera la révision et vous permettra d'identifier rapidement les informations clés pendant vos études et vos examens.

- **Inclure des exemples et des cas** : intégrez des exemples pratiques et des cas pertinents dans votre plan. Ces exemples vous aideront à illustrer les concepts théoriques et à les appliquer à des situations pratiques, renforçant ainsi votre compréhension et votre mémoire du sujet.

- **Mise à jour continue** : révisez et mettez à jour régulièrement votre *outline* au fur et à mesure que vous progressez dans vos études et que vous acquérez de nouvelles connaissances. Veillez à ce qu'il reflète fidèlement votre compréhension actuelle et les domaines qui requièrent une attention ou une étude plus poussée.

- **Pratique** : utilisez votre *outline* comme un outil actif pendant votre étude. Utilisez-le pour résumer, réviser et résoudre des problèmes pratiques. Cela vous aidera à consolider les informations et à vous préparer efficacement aux examens.

Étapes de la création d'un *outline*

1. Identifiez l'idée principale. Commencez par définir clairement le sujet principal que vous souhaitez aborder dans votre *outline*. Ce point de départ vous aidera à établir le cadre général de votre étude et à définir les objectifs spécifiques que vous souhaitez atteindre.

2. Décomposez les sous-thèmes. Décomposez l'idée principale en sous-thèmes plus spécifiques et plus pertinents. Chaque sous-thème doit saisir un aspect important du cours et servir de point central à votre étude. Cette décomposition vous permettra d'aborder chaque sujet de manière plus détaillée et plus précise.

3. Détails et subdivisions. Pour chaque sous-thème, ajoutez des détails et des subdivisions supplémentaires. Incluez des concepts clés, des théories pertinentes, des études de cas et des exemples spécifiques pour consolider votre compréhension. Cette structure hiérarchique vous permettra de comprendre la relation entre les différents éléments du cours et de renforcer votre capacité à analyser et à synthétiser l'information juridique.

4. L'organisation par étapes. Organisez votre *outline* par étapes, des idées les plus générales aux idées les plus spécifiques. Cela vous permettra de visualiser la hiérarchie des informations et de comprendre comment les concepts sont liés entre eux dans le cours. L'organisation échelonnée vous permettra également de réviser plus facilement, car vous serez en mesure d'identifier rapidement les sujets principaux et les détails clés.

L'utilisation efficace du *outline* permet non seulement d'améliorer votre préparation aux examens, mais aussi de renforcer votre compréhension globale du droit en organisant et en structurant l'information de manière cohérente et accessible. En vous fournissant des conseils clairs et détaillés, le *outline* vous aide à gérer efficacement la grande quantité d'informations juridiques que vous devez maîtriser pour réussir sur le plan académique et professionnel.

Exemple de *Outline*

Cet exemple de *outline* se concentre sur la compétence personnelle, montrant comment structurer efficacement l'information pour une compréhension claire et détaillée. Le plan suit une hiérarchie organisée, commençant par des idées générales et se décomposant en points plus spécifiques. Il utilise des puces et des numéros pour délimiter clairement les différents niveaux d'information, ce qui permet d'identifier facilement les sujets principaux et les sous-thèmes. Cette méthode de structuration est idéale pour les étudiants en droit, car elle permet de visualiser la relation entre les concepts généraux et les détails spécifiques, en veillant à ce que tous les aspects importants du sujet soient abordés de manière logique et cohérente.

A. **Compétence personnelle.**

    I.   **L'idée de base.**

        a.   Il s'agit du pouvoir du tribunal sur les parties. La juridiction est toujours compétente à l'égard du demandeur ; la question se pose à l'égard du défendeur. La compétence personnelle appartient aux parties et elles ont le pouvoir d'y renoncer.

        b.   **Compétence personnelle générale :** Le for est le lieu où le défendeur est domicilié ou signifié, et il peut être poursuivi pour une créance née n'importe où.

           i.   Le domicile d'une **personne physique** est le lieu où elle vit physiquement et où elle a l'intention de rester.

          ii.   Le domicile d'une **société** est le lieu où elle est constituée et son principal lieu d'activité (PPB).

        iii.   Une société de personnes est domiciliée au domicile de l'un quelconque de ses associés.

        c.   **Compétence personnelle spécifique :** la demande découle des contacts du défendeur avec le forum.

    II.   **Analyse en deux étapes :**

a. Se conformer à une **loi d'extension de la juridiction de l'État** : atteint généralement toute l'étendue de la constitution.

b. Respect de la **clause de respect des droits de la défense de la Constitution** : le défendeur doit avoir un minimum de contacts avec le forum pour que la compétence ne heurte pas les notions traditionnelles d'équité et de justice substantielle (International Shoe).

   i. **Contact :** il doit y avoir un contact pertinent entre le défendeur et l'État :

      1. **Disponibilité intentionnelle :** le contact doit résulter d'un acte volontaire du défendeur. Même le fait de provoquer un effet dans le forum répond à ce critère.

      2. **Prévisibilité :** il doit être prévisible que le défendeur puisse être poursuivi dans le for selon le critère de la personne raisonnable.

   ii. **Relation :** La demande du demandeur doit résulter d'un contact du défendeur avec le forum.

   iii. **Justice :** La juridiction serait-elle juste au vu des circonstances ?

      1. S'il place le défendeur dans une situation très désavantageuse dans le cadre du litige. Les difficultés économiques ne sont pas suffisantes.

      2. Intérêt de l'État.

      3. Intérêt du demandeur.

Jour de l'examen

Le jour de l'examen est crucial et peut être une expérience stressante, mais avec une bonne préparation et quelques conseils pratiques, vous pouvez le gérer efficacement. Voici quelques points clés à garder à l'esprit.

Tout d'abord, essayez d'arriver tôt sur le lieu de l'examen. Il est conseillé de planifier votre itinéraire à l'avance et d'anticiper les embouteillages ou toute circonstance imprévue qui pourrait vous retarder. En arrivant tôt, vous aurez non seulement le temps de trouver la bonne salle, mais aussi de vous acclimater à l'environnement, de trouver un siège confortable et de vous assurer que vous avez tout ce qu'il vous faut pour l'examen. Cette anticipation contribue à réduire l'anxiété et vous permet d'aborder l'examen avec un État d'esprit calme et concentré.

Le test est généralement totalement anonyme. Au lieu de votre nom, vous recevrez un numéro d'identification anonyme à inscrire sur votre examen. Ce système garantit l'impartialité de la notation, car les évaluateurs ne savent pas à qui appartient chaque examen. Assurez-vous de bien comprendre l'utilisation de ce numéro et de l'inscrire correctement sur votre examen afin d'éviter tout problème administratif qui pourrait affecter votre note. Familiarisez-vous avec cette procédure avant le jour de l'examen pour éviter toute surprise.

L'examen sera administré par un surveillant, une personne qui n'est pas directement liée à votre école de droit. Ce surveillant est chargé de lire les instructions relatives à l'examen et de chronométrer le temps. Écoutez attentivement les instructions fournies par le surveillant et assurez-vous de les comprendre parfaitement avant de commencer. Si vous avez des questions, c'est le bon moment pour les poser. En outre, le surveillant est chargé de veiller à ce que l'environnement soit approprié et exempt de distractions, ce qui est essentiel pour votre concentration.

Restez calme et concentrez-vous sur la gestion de votre temps pendant l'examen. Utilisez les premières minutes pour passer en revue l'ensemble de l'examen et planifier la manière dont vous aborderez chaque section. Cela vous aidera à rester organisé et à vous assurer que vous ne laisserez aucune question sans réponse. Répartissez équitablement votre temps entre les questions et veillez à laisser quelques minutes à la fin pour vérifier vos réponses. Ce temps supplémentaire peut s'avérer crucial pour corriger des erreurs ou compléter des réponses que vous aviez initialement laissées incomplètes.

Apportez avec vous tout le matériel autorisé dont vous pourriez avoir besoin, comme des stylos et des crayons supplémentaires, ainsi que tout autre matériel autorisé par les instructions de l'examen. Certains examens autorisent l'utilisation de certaines ressources telles que des codes juridiques ou des ouvrages de référence. Assurez-vous de savoir à l'avance quel matériel est autorisé et préparez-le de manière ordonnée afin de pouvoir y accéder facilement pendant l'examen.

Enfin, n'oubliez pas que le jour de l'examen, vous aurez l'occasion de démontrer tout ce que vous avez appris. Gardez une attitude positive et soyez confiant dans votre préparation. L'essentiel est de ne pas laisser le stress prendre le dessus. Des techniques de relaxation telles que la respiration profonde ou de courtes pauses mentales peuvent vous aider à rester calme et concentré. Avec ces conseils en tête, vous serez bien armé pour affronter l'examen avec efficacité et confiance.

Il est également important de prendre soin de votre santé physique et mentale dans les jours précédant l'examen. Veillez à dormir suffisamment la nuit précédente, à bien manger et à vous hydrater. Évitez l'excès de caféine ou toute autre substance susceptible d'altérer votre humeur ou votre concentration. Un corps et un esprit bien entretenus sont essentiels pour une performance optimale.

Après l'Examen : Évaluation et Résultats

Une fois l'examen terminé, le processus d'évaluation et les situations postérieures à l'examen sont gérés de manière méticuleuse afin de garantir l'équité et l'intégrité académique. Voici quelques aspects clés à garder à l'esprit.

Tout ce qui concerne l'examen est géré par le bureau du **registre académique**. Ce bureau est chargé de coordonner la logistique de l'examen, de l'administration à l'évaluation finale. Pour les examens à choix multiples, le bureau du registre académique est chargé de corriger les examens à l'aide des feuilles de réponses fournies par le professeur. Cette méthode garantit une évaluation objective et précise, en éliminant tout biais possible dans la notation.

Dans le cas des examens à développement, le processus est un peu plus complexe afin de garantir l'équité. Après la soumission des examens, le Registre académique recueille tous les dossiers de dissertation et leur attribue un numéro d'identification anonyme, en supprimant toute information qui pourrait permettre d'identifier l'étudiant. Ces dossiers anonymes sont ensuite envoyés aux professeurs responsables pour évaluation. Les professeurs examinent et notent chaque essai sans connaître l'identité de l'auteur, ce qui garantit que les notes sont basées uniquement sur le contenu et la qualité du travail soumis.

L'anonymat dans le processus d'évaluation est crucial pour garantir que tous les étudiants sont jugés équitablement. En notant les essais sans savoir à qui ils appartiennent, les enseignants peuvent se concentrer sur la structure, l'analyse juridique, la clarté et la précision de chaque réponse, sans influence extérieure. Ce système favorise un environnement académique équitable et contribue à maintenir l'intégrité du processus d'évaluation.

Une fois les examens corrigés, les notes sont enregistrées et gérées par le bureau du registraire. Ce bureau est chargé d'afficher les notes afin que chaque étudiant puisse consulter ses résultats en toute confidentialité via un portail en ligne ou un système de notification désigné par l'école. Il est important de surveiller ces annonces pour vérifier vos notes et vous assurer que tout est en ordre.

En cas de divergence ou si vous avez des doutes sur votre note, de nombreuses facultés de droit ont mis en place des politiques permettant aux étudiants de demander une révision de leur examen. Ce processus implique généralement une rencontre avec le professeur pour discuter de la note et obtenir des commentaires détaillés sur votre performance. Profiter de cette opportunité peut s'avérer extrêmement bénéfique pour comprendre vos points forts et les domaines à améliorer, et pour clarifier tout malentendu concernant les attentes de l'examen.

Il est également essentiel de réfléchir à votre expérience après l'examen, quels que soient les résultats. Analyser ce que vous avez bien fait et ce que vous pourriez améliorer pour les examens à venir est un élément fondamental du développement académique. Si le retour direct de l'enseignant est précieux, il est également utile de parler à des pairs et de revoir vos propres notes et schémas afin d'identifier les domaines dans lesquels vous pourriez renforcer votre compréhension et votre préparation.

En conclusion, la phase post-examen de la faculté de droit est un processus structuré et méticuleux qui garantit l'équité et la précision de l'évaluation. En comprenant ce processus et en y participant activement, vous pouvez maximiser votre apprentissage et vous améliorer continuellement dans vos études de droit. En restant informé de la manière dont les examens et les notes sont gérés, et en étant prêt à demander des commentaires et des éclaircissements si nécessaire, vous pourrez traverser avec succès cette partie cruciale de vos études de droit.

Notes Incurvées à la Faculté de Droit

Les notes courbes sont un aspect intégral et souvent controversé de l'enseignement du droit. Ce système d'évaluation a des conséquences importantes pour les étudiants, qu'il s'agisse de leurs résultats scolaires ou de leurs perspectives de carrière. Dans cette section, nous examinerons ce que sont les notes courbes, pourquoi elles sont utilisées, comment elles sont mises en œuvre, leur impact sur les étudiants, ainsi que les critiques et les débats qui les entourent.

La notation courbe est un système d'évaluation dans lequel les notes des étudiants sont distribuées selon une courbe prédéfinie, qui suit généralement une distribution normale (courbe en cloche). Au lieu d'être basées sur une échelle fixe, les notes des étudiants sont ajustées en fonction des performances de leurs camarades de classe.

Les facultés de droit utilisent des notes courbes pour maintenir des normes académiques cohérentes et garantir que les notes reflètent une comparaison équitable entre les étudiants. Ce système permet d'éviter l'inflation des notes et garantit que seul un certain pourcentage d'étudiants reçoit les notes les plus élevées, ce qui peut être crucial pour les différencier dans un domaine hautement compétitif.

Il existe plusieurs méthodes pour plier les notes :

- **Courbe en cloche :** les notes sont distribuées selon une courbe normale, la plupart des étudiants recevant des notes intermédiaires et peu d'entre eux recevant les notes les plus élevées et les plus basses.

- **Percentiles** : les notes sont attribuées en fonction du percentile dans lequel se situe chaque élève par rapport à ses pairs.

- **Formules prédéfinies** : certains établissements utilisent des formules spécifiques pour déterminer la répartition des notes.

Par exemple, dans une classe nombreuse, une faculté de droit peut déterminer que les 10 % d'étudiants les mieux notés recevront un A, les 20 % suivants un B, et ainsi de suite. Dans les classes plus petites, la distribution peut être ajustée pour refléter la taille de l'échantillon et les différences d'évaluation.

Les notes en dents de scie peuvent avoir un impact significatif sur le moral et la santé mentale des élèves. La pression exercée sur eux pour qu'ils excellent par rapport à leurs camarades peut générer du stress et de l'anxiété, ce qui affecte leur bien-être émotionnel. Ce système favorise un environnement hautement compétitif, dans lequel les élèves sont en concurrence directe les uns avec les autres pour obtenir les meilleures notes. Si cela peut en motiver certains, cela peut aussi créer un environnement hostile et réduire la collaboration. Par ailleurs, les notes élevées influencent les possibilités d'emploi, car de nombreux cabinets d'avocats et d'autres employeurs utilisent les notes pour sélectionner les candidats. Des notes plus élevées peuvent ouvrir la voie à des programmes de spécialisation, à des bourses et à des possibilités de stage.

Stratégies pour naviguer dans les notes courbes

- **Comprendre la courbe** : se familiariser avec le fonctionnement de la courbe spécifique de votre école peut aider les étudiants à adapter leurs attentes et leurs stratégies d'étude.

- **Stratégies d'étude efficaces** : se concentrer sur les techniques d'étude qui maximisent la compréhension et la rétention du matériel, telles que l'étude en groupe et l'utilisation de ressources supplémentaires.

- **Gestion du stress** : l'adoption de pratiques de gestion du stress, telles que la méditation et l'exercice, peut aider les étudiants à maintenir un équilibre pendant les périodes de forte pression.

- **Conseillers académiques** : recherchez le soutien de conseillers académiques qui peuvent vous donner des conseils sur la manière de gérer les mauvaises notes et d'améliorer les performances académiques.

- **Services de tutorat** : profitez des services de tutorat pour renforcer la compréhension de la matière et mieux vous préparer aux examens.

Les notes incurvées sont une caractéristique distinctive et controversée de l'enseignement du droit. Il est essentiel pour les étudiants de comprendre ce système et ses implications afin de bien gérer leur expérience universitaire et de se préparer à leur future carrière. En adoptant des stratégies efficaces et en tirant parti des ressources disponibles, les étudiants peuvent mieux gérer la pression des notes courbes et maximiser leur réussite universitaire.

8

GARANTIR L'EMPLOI

Jusqu'à présent, nous avons couvert tout ce que vous devez savoir sur l'expérience de la faculté de droit. Il est maintenant temps de se concentrer sur un aspect crucial : comment trouver un emploi dans le domaine compétitif du droit.

Le marché du travail pour les étudiants en LL.M. qui ne sont pas titulaires d'un J.D. d'une école américaine est très compétitif. Parmi les difficultés rencontrées, citons les réglementations en matière de visa, l'absence de J.D. américain et l'impossibilité de passer l'examen du barreau dans de nombreuses juridictions. Il est important que les étudiants internationaux en LL.M. comprennent qu'il s'agit là de préoccupations typiques des employeurs et qu'elles ne reflètent pas une évaluation personnelle de leurs capacités. En raison de ces obstacles, la recherche d'un emploi pour les diplômés internationaux peut s'avérer plus difficile et il est essentiel de commencer à chercher le plus tôt possible.

Bien que cela soit moins courant, les employeurs peuvent sélectionner les candidats au LL.M. en fonction de leurs résultats universitaires, de leur expérience professionnelle, de leurs compétences linguistiques, de l'obtention de licences dans des juridictions étrangères et de leur spécialisation dans des domaines du droit en rapport avec la pratique de l'entreprise ou de l'organisation. La concurrence étant forte, il est essentiel de faire preuve de souplesse et d'ouverture d'esprit quant au type de travail que vous accepterez dans un premier temps. Envisagez d'accepter un poste de débutant, un poste en dehors de la voie de l'association ou un emploi au sein d'une société plutôt que d'un cabinet d'avocats. Les stages et le bénévolat peuvent également vous permettre d'acquérir une expérience juridique précieuse aux États-Unis.

Adoptez une approche assertive, mais non agressive, dans votre recherche d'emploi. Vous devez démontrer aux employeurs potentiels que vous êtes hautement qualifié et que vous pouvez effectuer le travail de manière efficace. Apprenez à promouvoir vos compétences et vos qualifications de manière convaincante.

Emploi sous le visa F-1

Les étudiants étrangers qui étudient aux États-Unis avec un **visa F-1** sont confrontés à des défis uniques et à diverses possibilités d'emploi pendant et après leurs études. Cette section explore les différentes options d'emploi disponibles pour les étudiants F-1, en soulignant les avantages et les exigences associés à chacune d'entre elles. Qu'il s'agisse d'un travail sur le campus, d'un Programme de Formation Pratique (CPT) ou d'un Programme de Formation Pratique Optionnelle (OPT), ces possibilités ne soutiennent pas seulement les étudiants sur le plan financier, mais leur permettent également d'acquérir une expérience pratique précieuse dans leur domaine d'études.

Emploi sur le campus

L'une des premières possibilités d'emploi offertes aux étudiants F-1 est l'emploi sur le campus de leur établissement d'enseignement. Ce type d'emploi permet aux étudiants de travailler jusqu'à 20 heures par semaine pendant les périodes universitaires et à temps plein pendant les vacances. Il est à noter qu'aucune autorisation préalable du bureau des étudiants étrangers ou de l'USCIS n'est requise pour ce type d'emploi. Travailler sur le campus offre aux étudiants une excellente occasion d'acquérir une expérience professionnelle pertinente tout en poursuivant leurs études. Outre les avantages financiers, l'emploi sur le campus peut aider les étudiants à s'intégrer dans la communauté universitaire, à développer des compétences en communication et à construire des réseaux professionnels qui peuvent être utiles pour leur future carrière.

Programme de Formation Pratique (CPT)

Le **Programme de Formation Pratique (CPT)** est une autre forme d'emploi hors campus accessible aux étudiants F-1. Ce programme est conçu pour permettre aux étudiants d'acquérir une expérience professionnelle pratique qui fait partie intégrante de leur programme d'études. Le CPT peut inclure des programmes tels que les stages, l'éducation coopérative ou tout type de stage obligatoire parrainé par des employeurs en collaboration avec l'établissement d'enseignement. Pour pouvoir bénéficier d'un CPT, les étudiants doivent obtenir l'approbation de leur programme universitaire et du bureau des services aux étudiants étrangers. Ce type d'expérience complète non seulement l'apprentissage théorique par des applications pratiques, mais peut également s'avérer crucial pour acquérir une expérience pertinente dans le domaine d'études de l'étudiant et améliorer son employabilité après l'obtention de son diplôme.

Pour modifier le formulaire I-20 en vue d'une Programme de Formation Pratique (CPT), vous devez suivre une procédure spécifique auprès du bureau des services aux étudiants étrangers. Tout d'abord, vous devez obtenir l'approbation du CPT par l'intermédiaire du bureau pour qu'elle apparaisse sur votre formulaire I-20. Pour ce faire, vous devez fournir une lettre de votre employeur contenant des informations détaillées. Cette lettre doit contenir votre nom complet, une déclaration d'offre d'emploi, le nom et l'adresse de l'entreprise et le nombre d'heures par semaine que vous travaillerez, en précisant s'il s'agit d'un travail à temps plein ou à temps partiel (plus ou moins de 20 heures par semaine). Vous devez également indiquer les dates exactes de début et de fin de l'emploi. Il est important de noter que vous ne pouvez techniquement pas commencer à travailler tant que le formulaire CPT n'est pas rempli. Vous devez donc indiquer une date ultérieure comme date de début, environ une semaine après la date de dépôt de la demande.

Formation Pratique Optionnelle (OPT)

Le **Formation Pratique Optionnelle (OPT)** est une autorisation d'emploi hors campus qui permet aux étudiants F-1 de travailler dans leur principal domaine d'études. Les étudiants qui ont suivi au moins une année universitaire à temps plein peuvent prétendre à un emploi à temps plein d'une durée maximale de 12 mois pour chaque niveau d'études suivi. Les mois d'OPT ne doivent pas nécessairement être consécutifs et peuvent être utilisés avant ou après l'obtention du diplôme. Toutefois, toute utilisation de l'OPT avant l'obtention du diplôme réduit le total des 12 mois disponibles. Les étudiants doivent déposer une demande auprès des Services de Citoyenneté et d'Immigration des États-Unis (USCIS) pour obtenir l'autorisation OPT, une procédure qui peut prendre entre 3 et 5 mois. Il est essentiel d'entamer la procédure de demande suffisamment tôt pour éviter de perturber l'emploi prévu après l'obtention du diplôme. L'OPT offre aux étudiants la possibilité d'appliquer leurs connaissances académiques dans des environnements de travail réels, de développer des compétences professionnelles et d'établir des relations dans leurs domaines d'intérêt.

Les possibilités d'emploi dans le cadre du visa F-1 offrent aux étudiants internationaux une plateforme inestimable pour développer des compétences pratiques, explorer leur domaine d'études et se préparer à une carrière réussie aux États-Unis. Qu'il s'agisse d'un emploi sur le campus qui favorise l'intégration dans la communauté ou d'un CPT et d'un OPT qui offrent une expérience professionnelle pertinente, chaque option joue un rôle crucial dans la formation universitaire et professionnelle des étudiants F-1. Il est essentiel que les étudiants tirent parti de ces possibilités, qu'ils comprennent les exigences spécifiques et qu'ils se préparent de manière adéquate à entamer leur carrière sur le marché du travail américain, où la concurrence est rude.

Parrainage du visa H1-B

Le parrainage d'un visa H-1B est un processus par lequel une entreprise aux États-Unis parraine un travailleur étranger afin qu'il puisse travailler légalement dans le pays. Le visa H-1B est destiné aux personnes exerçant des professions spécialisées qui requièrent des connaissances théoriques et techniques dans des domaines tels que l'informatique, l'ingénierie, la médecine et autres. L'employeur américain doit déposer une demande pour le travailleur étranger sur le formulaire I-129 auprès des Services de Citoyenneté et d'immigration (USCIS). Cette demande doit contenir des documents attestant que le poste exige des compétences spécialisées et que le travailleur possède les qualifications nécessaires.

Chaque année, 85 000 visas H-1B sont disponibles, dont 20 000 sont réservés aux personnes titulaires d'une maîtrise ou d'un diplôme supérieur délivré par un établissement américain. La demande de visas H-1B étant souvent supérieure à l'offre, une loterie est organisée pour les attribuer. L'employeur doit démontrer qu'il offre un salaire équitable qui correspond aux normes salariales de la région pour le poste et doit soumettre une « demande de conditions de travail » (LCA) approuvée par le ministère américain du travail. Ce document garantit que le travailleur étranger n'affectera pas négativement les conditions de travail des travailleurs américains.

Le visa H-1B est initialement accordé pour une période maximale de trois ans et peut être renouvelé pour trois autres années, soit un total maximal de six ans. Dans certains cas, des prolongations supplémentaires peuvent être obtenues si le travailleur est en train d'obtenir sa résidence permanente (carte verte). Toutes les entreprises ne sont pas disposées à parrainer des visas H-1B en raison du temps, du coût et de l'engagement nécessaires. De nombreuses entreprises préfèrent éviter ce processus et opter pour des candidats qui ont déjà l'autorisation de travailler aux États-Unis. Il est courant que les entreprises demandent aux candidats, lors des entretiens, s'ils auront besoin d'un visa à l'avenir, afin d'évaluer leur volonté d'embauche. En fait, certaines entreprises évitent d'embaucher des étudiants F-1 en OPT précisément pour ne pas avoir à affronter plus tard la procédure de parrainage du visa H-1B.

La procédure de parrainage du visa H-1B peut être complexe et compétitive, mais elle constitue un moyen important pour les juristes internationaux de travailler et de se développer professionnellement aux États-Unis. Il est conseillé d'effectuer des recherches approfondies et de planifier cette procédure afin d'augmenter les chances de réussite.

L'Importance du *Networking*

Le ***networking*** est une compétence vitale pour les étudiants en LL.M. qui cherchent à s'établir sur le marché juridique concurrentiel. Au-delà de la simple accumulation de contacts, le *networking* implique l'établissement de relations solides et significatives qui peuvent ouvrir des portes à l'emploi, au mentorat et à des opportunités de développement professionnel à long terme.

Dès le début du programme LL.M., il est essentiel de participer activement aux événements et activités du *networking*. La participation à des conférences spécialisées, à des salons de l'emploi et à des réunions d'anciens étudiants constitue une plateforme inestimable pour interagir avec des professionnels du droit, s'informer sur les tendances actuelles et futures du marché de l'emploi et établir des liens significatifs qui peuvent déboucher sur des opportunités de carrière concrètes.

La participation à des associations professionnelles et à des groupes d'anciens étudiants est un aspect essentiel du *networking*. Ces groupes offrent non seulement la possibilité d'entrer en contact avec des collègues et des professionnels établis, mais aussi d'accéder à des ressources éducatives, à des programmes de développement professionnel et à des événements exclusifs susceptibles d'améliorer votre croissance professionnelle.

Lors des événements de *networking*, il est essentiel de se présenter de manière efficace. Il s'agit de communiquer clairement vos compétences, votre expérience et vos objectifs professionnels d'une manière qui trouve un écho auprès des employeurs potentiels et des contacts professionnels. En adoptant une attitude proactive et en vous efforçant de nouer des relations authentiques, vous pouvez faire la différence dans la manière dont vous êtes perçu au sein de la communauté juridique.

Outre la participation à des événements physiques, le *networking* en ligne joue également un rôle crucial. Des plateformes telles que LinkedIn offrent la possibilité d'entrer en contact avec des professionnels du secteur juridique, de partager des publications pertinentes, d'engager des discussions et d'établir des relations virtuelles qui peuvent se traduire par des opportunités d'emploi et de collaboration professionnelle.

Pour maintenir des relations efficaces à long terme, il est important de continuer à entretenir les liens que vous avez établis. Il peut s'agir d'envoyer des mises à jour régulières sur vos progrès académiques et professionnels, de partager des articles d'intérêt et de maintenir une communication ouverte et constructive. Le réseautage n'est pas seulement une question de recherche d'emploi, mais aussi de construction de relations durables qui peuvent vous être utiles tout au long de votre carrière.

En résumé, un *networking* efficace pour les étudiants en LL.M. implique une combinaison de participation active à des événements physiques et virtuels, d'implication dans des associations professionnelles pertinentes et de capacité à se présenter de manière convaincante et professionnelle. En investissant du temps et des efforts dans la construction et l'entretien d'un réseau solide, vous augmentez considérablement vos chances de réussite sur le marché juridique et au-delà.

Stratégies pour Créer un Curriculum (Résumé) et une Lettre de Motivation (Cover Letter) Efficaces

Les **curriculum juridiques** aux États-Unis diffèrent souvent de manière significative des normes en vigueur dans d'autres pays. Avant de préparer votre curriculum pour l'envoyer à un employeur américain, il est essentiel de passer en revue cette section et les exemples fournis. Votre curriculum est une représentation de vous-même : vos réalisations, vos compétences, vos capacités rédactionnelles, votre personnalité et votre potentiel. La plupart des employeurs consacrent moins d'une minute à l'examen de chaque curriculum, et parfois même moins de 30 secondes.

Il est essentiel que votre curriculum mette en valeur vos atouts professionnels et minimise vos faiblesses. Les étudiants doivent suivre des lignes directrices de base pour rédiger un curriculum de type américain. Vous trouverez ci-dessous des conseils sur le contenu et le format, ainsi que des exemples de curriculum.

Le format d'un curriculum juridique aux États-Unis est essentiel pour attirer l'attention d'un employeur. Un curriculum bien organisé et visuellement attrayant peut faire une grande différence. Utilisez une police de caractères claire et professionnelle, telle que Times New Roman ou Arial, en taille 11 ou 12. Conservez des marges d'un pouce de chaque côté pour que le texte ne soit pas trop condensé.

En tête de votre curriculum, indiquez votre nom complet, votre ville, votre numéro de téléphone et votre adresse électronique. Veillez à ce que ces informations soient exactes et professionnelles. Évitez les adresses électroniques non professionnelles. Votre nom doit être écrit dans une police de caractères légèrement plus grande afin de le faire ressortir.

Bien que certains curriculum comportent un objectif professionnel ou un résumé, celui-ci n'est généralement pas recommandé dans le domaine du droit, car il est traité dans la lettre de motivation. Si vous souhaitez l'utiliser, il doit être bref, une ou deux phrases, et se concentrer sur votre intention professionnelle ou mettre en évidence vos qualités les plus pertinentes. Par exemple : « juriste spécialisé en droit international avec une expérience en matière de contentieux et de négociation de contrats, cherchant à mettre ses compétences à profit dans un environnement d'entreprise mondial ».

La section consacrée à la formation doit énumérer vos diplômes dans l'ordre chronologique inverse, en commençant par le diplôme le plus récent. Indiquez le nom de l'établissement, le lieu, le diplôme obtenu et la date d'obtention. Si vous avez obtenu des notes exceptionnelles, telles que « *cum laude* » ou « *magna cum laude* », n'oubliez pas de les mentionner. Mentionnez également toute bourse ou tout prix pertinent.

L'expérience professionnelle est l'une des rubriques les plus importantes de votre curriculum. Dressez la liste de vos emplois dans l'ordre chronologique inverse. Pour chaque poste, indiquez l'intitulé du poste, le nom de l'entreprise, le lieu et les dates d'emploi. Pour chaque emploi, décrivez vos responsabilités et vos réalisations. Soyez précis et quantifiez vos réalisations dans la mesure du possible. Par exemple : « réduction des frais juridiques de 15 % grâce à un examen approfondi des contrats ».

Vous pouvez inclure une section sur les compétences qui met en évidence vos compétences techniques et logicielles pertinentes, telles que votre utilisation de LexisNexis, Westlaw ou d'autres logiciels juridiques. Mentionnez également vos compétences linguistiques, en particulier si vous parlez couramment plusieurs langues, ce qui peut être très intéressant pour les cabinets ayant une clientèle internationale.

Si vous avez rédigé des articles académiques ou participé à des conférences, vous pouvez inclure une section sur les publications et les présentations. Il est également possible de les mentionner dans les activités pertinentes de l'école ou du poste précédent où elles ont été réalisées. Mentionnez le titre de l'article, la revue ou la conférence où il a été présenté et la date. Cette section démontre votre capacité à contribuer au domaine juridique au-delà de la pratique directe.

L'appartenance à des associations juridiques peut apporter une grande valeur ajoutée à votre curriculum. Dressez la liste de toutes les adhésions pertinentes, en précisant le nom de l'association et votre rôle au sein de celle-ci. Par exemple : « membre actif de l'American Bar Association, Section of International Law ». Les activités bénévoles et extrascolaires peuvent démontrer votre engagement envers la communauté et votre capacité à travailler en équipe. Décrivez brièvement votre rôle et les activités que vous avez réalisées. Par exemple : « j'ai fait du bénévolat à la Migrant Assistance Legal Clinic, fournissant des conseils juridiques gratuits aux demandeurs d'asile ». Bien qu'il ne soit pas nécessaire d'inclure des références directement dans votre curriculum, vous pouvez indiquer qu'elles sont disponibles sur demande. Cela se fait généralement par une simple ligne à la fin du document: « références disponibles sur demande ».

Veillez à adapter votre curriculum à chaque poste auquel vous postulez. Mettez en évidence l'expérience et les compétences les plus pertinentes pour le poste en question. Relisez votre curriculum plusieurs fois pour éviter les erreurs de grammaire ou de formatage. Pensez à demander à un collègue ou à un mentor de le relire également. N'incluez jamais d'informations fausses ou exagérées. L'intégrité est essentielle dans la profession juridique. Un curriculum bien rédigé n'ouvre pas seulement des portes, mais représente aussi votre premier impact sur un employeur potentiel. Prenez le temps de peaufiner chaque détail et veillez à ce qu'il reflète fidèlement votre professionnalisme et vos compétences.

Maintenant que vous disposez d'un curriculum solide qui met en valeur vos réalisations et vos compétences, l'étape suivante consiste à apprendre à rédiger une lettre de motivation efficace. Alors que le curriculum donne un aperçu de votre expérience et de vos qualifications, la lettre de motivation est l'occasion d'expliquer en détail pourquoi vous êtes le candidat idéal pour le poste. Elle est le complément idéal de votre curriculum, vous permettant de personnaliser votre message à chaque employeur et de souligner les aspects spécifiques de votre carrière et de votre personnalité qui vous rendent unique. Nous allons voir ci-dessous comment structurer et rédiger une lettre de motivation qui capte l'attention des employeurs et vous rapproche de l'emploi que vous convoitez.

La **lettre de motivation** est un élément essentiel du processus de recherche d'emploi, en particulier dans le domaine juridique aux États-Unis. Elle sert d'introduction personnelle à votre curriculum et vous permet de mettre en avant vos compétences, votre expérience et la valeur que vous pouvez apporter à l'organisation. Une lettre de motivation efficace peut faire la différence entre l'obtention d'un entretien et le fait que votre candidature passe inaperçue. Voici les éléments clés et quelques conseils pour rédiger une lettre de motivation qui retiendra l'attention de l'employeur et vous aidera à vous démarquer sur le marché concurrentiel de l'emploi.

Commencez votre lettre de motivation par vos coordonnées en haut de page, à savoir votre nom, votre adresse, votre numéro de téléphone et votre adresse électronique. Sous vos coordonnées, inscrivez la date, puis les coordonnées de l'employeur, y compris le nom du destinataire, l'intitulé du poste, le nom et l'adresse de l'entreprise. En personnalisant la lettre avec le nom du destinataire, vous démontrez l'intérêt que vous portez à l'entreprise et au poste et les efforts que vous avez déployés pour les rechercher. Si vous ne connaissez pas le nom du destinataire, une recherche rapide sur LinkedIn ou sur le site web de l'entreprise peut s'avérer utile.

Le premier paragraphe doit attirer immédiatement l'attention du lecteur. Mentionnez le poste spécifique pour lequel vous postulez et la manière dont vous avez entendu parler de l'opportunité. Si quelqu'un vous a recommandé le poste, mentionnez-le ici. Il peut s'agir de recommandations de collègues, d'amis, d'enseignants ou même de contacts que vous avez noués lors d'événements de *networking*. En outre, ce paragraphe d'introduction doit présenter brièvement qui vous êtes et pourquoi vous êtes intéressé par le poste. Par exemple, vous pourriez commencer par quelque chose comme : « Je vous écris pour vous faire part de mon intérêt pour le poste de collaborateur juridique chez [Nom de l'entreprise], annoncé dans [Source]. En tant que juriste ayant de l'expérience dans [domaine concerné], je suis très enthousiaste à l'idée de pouvoir apporter ma contribution à votre équipe ».

Le corps de la lettre, généralement composé de deux ou trois paragraphes, doit détailler vos compétences et votre expérience. Expliquez comment votre formation et votre expérience professionnelle vous ont préparé à occuper le poste. Utilisez des exemples concrets pour illustrer vos réalisations et la manière dont vous avez assumé des responsabilités similaires dans le passé. Par exemple, si vous postulez pour un poste en droit des sociétés, vous pouvez mentionner des cas spécifiques où vous avez travaillé sur des fusions et des acquisitions, en soulignant votre capacité à négocier et à rédiger des contrats complexes. Faites le lien entre vos compétences et les besoins de l'employeur, en montrant que vous comprenez les défis du poste et que vous êtes prêt à les relever. Mentionnez également toute compétence supplémentaire qui pourrait s'avérer utile, comme des connaissances en langues étrangères, des logiciels juridiques spécifiques ou une expérience internationale.

Dans le paragraphe suivant, expliquez pourquoi vous êtes attiré par cette entreprise. Recherchez la culture, les valeurs et les projets récents de l'organisation et expliquez en quoi vos valeurs et vos objectifs de carrière correspondent aux leurs. Vous montrerez ainsi que vous ne cherchez pas seulement un emploi, mais que vous souhaitez travailler dans cette entreprise spécifique. Par exemple, vous pourriez dire : « Je suis particulièrement impressionné par l'engagement de [Nom de l'entreprise] en faveur de l'innovation dans le domaine du droit de l'environnement. Ayant travaillé sur des projets de développement durable, je suis enthousiaste à l'idée de contribuer aux initiatives de responsabilité sociale de l'entreprise ».

Le dernier paragraphe doit être un appel à l'action. Réaffirmez votre intérêt pour le poste et votre volonté de discuter de votre candidature lors d'un entretien. Remerciez le lecteur pour le temps qu'il vous a consacré et pour l'attention qu'il vous a accordée, et indiquez vos coordonnées afin qu'il puisse vous contacter facilement. Une manière efficace de conclure est de dire : « Je suis très intéressé par la possibilité de discuter de la manière dont mes compétences et mon expérience peuvent contribuer au succès de [Nom de l'entreprise]. Je vous remercie d'avoir examiné ma candidature. J'attends avec impatience l'occasion de m'entretenir avec vous lors d'un entretien. Vous pouvez me joindre à [votre numéro de téléphone] ou à [votre adresse électronique] ».

Terminez la lettre par une formule d'adieu professionnelle, telle que "Sincèrement", suivie de votre nom complet. Si vous envoyez une lettre sur papier, laissez un espace pour votre signature entre l'adieu et votre nom. Si vous envoyez la lettre par courrier électronique, écrivez simplement votre nom complet après l'adieu.

N'oubliez pas de relire votre lettre de motivation pour vous assurer qu'elle ne contient aucune erreur grammaticale ou typographique. Une lettre bien rédigée et exempte d'erreurs témoigne de votre souci du détail et de votre professionnalisme. Veillez également à ce que votre lettre de motivation soit concise et pertinente ; dans l'idéal, elle ne devrait pas dépasser une page. Utilisez un langage clair et professionnel et évitez le jargon ou les termes trop techniques que l'employeur pourrait ne pas comprendre.

Adaptez également chaque lettre de motivation à l'offre d'emploi spécifique. Bien qu'il puisse être tentant d'utiliser une lettre de motivation générique, une lettre personnalisée montre que vous avez consacré du temps et des efforts à comprendre les besoins de l'employeur et la manière dont vous pouvez y répondre.

Autres documents à prendre en compte lors de la candidature

Lorsque vous postulez à un emploi juridique aux États-Unis, en plus de votre curriculum et de votre lettre de motivation, les employeurs peuvent vous demander des documents supplémentaires. Il peut s'agir d'échantillons de textes, de relevés de notes et de références. Chacun de ces documents joue un rôle crucial dans le processus de sélection, en donnant à l'employeur une image plus complète de vos compétences, de votre expérience et de votre formation. Vous trouverez ci-dessous des précisions sur l'importance de chacun de ces documents et sur la manière de les préparer correctement.

Les **exemples de rédaction** sont essentiels dans le processus de candidature à de nombreux postes juridiques. Ils démontrent votre capacité à rédiger des documents juridiques clairs, précis et bien étayés, ce qui est une compétence essentielle pour tout juriste. Lors de la sélection d'un échantillon d'écriture, choisissez un travail qui reflète votre meilleure écriture et qui est en rapport avec le poste pour lequel vous postulez. Il peut s'agir d'une note juridique, d'un extrait d'un article de droit, d'une requête rédigée pour un tribunal ou de tout autre document que vous avez préparé au cours de vos études ou de votre expérience professionnelle. Il est essentiel que l'échantillon soit votre propre travail et non celui d'une équipe. Si le document original est long, vous pouvez en fournir un extrait, en veillant à inclure une note explicative fournissant le contexte de l'ensemble du document. Vérifiez soigneusement que votre échantillon de travail ne contient pas d'erreurs grammaticales ou typographiques et qu'il est rédigé dans un style professionnel et conforme aux normes juridiques.

Les **relevés de notes** sont un autre élément crucial du processus de candidature. Ces relevés de notes fournissent aux employeurs un aperçu détaillé de vos résultats scolaires tout au long de votre parcours. Ils comprennent une liste des cours que vous avez suivis, les notes que vous avez obtenues et, dans certains cas, votre moyenne générale. Lorsque vous postulez à un emploi dans le domaine juridique, il est important de demander une copie officielle de vos relevés de notes à tous les établissements d'enseignement que vous avez fréquentés. Veillez à demander ces relevés de notes suffisamment à l'avance, car certains établissements peuvent prendre plusieurs semaines pour traiter et envoyer ces documents. Conservez une copie numérique de vos relevés de notes officiels afin de pouvoir les envoyer facilement aux employeurs qui en ont besoin.

Les **références** sont également essentielles dans le processus de recherche d'emploi. Les employeurs demandent souvent des références pour avoir un point de vue extérieur sur vos compétences, votre éthique de travail et votre professionnalisme. Sélectionnez vos références avec soin, en choisissant des personnes qui peuvent parler positivement et spécifiquement de vos capacités et de vos réalisations. Il peut s'agir d'anciens employeurs, d'enseignants, de collègues ou de superviseurs avec lesquels vous avez travaillé en étroite collaboration. Avant de citer quelqu'un comme référence, veillez à obtenir son autorisation et à lui fournir des informations sur le poste pour lequel vous postulez, afin qu'il puisse préparer une recommandation appropriée. Il est utile de fournir à vos références une copie de votre curriculum et des détails sur le poste pour lequel vous êtes pressenti, afin qu'elles puissent adapter leurs commentaires aux compétences et à l'expérience les plus pertinentes pour le poste.

En résumé, lorsque vous préparez votre candidature à un poste de juriste, il est essentiel d'inclure un échantillon d'écriture de haute qualité, des relevés de notes officiels et des références solides. Ces documents supplémentaires donnent aux employeurs une image plus complète de votre profil professionnel et universitaire et peuvent jouer un rôle déterminant dans le processus de sélection. Veillez à examiner et à préparer soigneusement chacun de ces éléments afin de présenter une candidature solide et professionnelle.

Travail pro bono pour l'admission

Dans de nombreuses juridictions des États-Unis, les candidats à l'admission au barreau sont tenus d'accomplir un certain nombre d'heures de **travail *pro bono*** avant de pouvoir pratiquer le droit. Cette exigence souligne l'importance du service communautaire et de l'engagement en faveur de la justice sociale dans la pratique du droit. En profitant des possibilités de *travail pro bono* pendant vos études de droit, vous pourrez non seulement satisfaire à cette exigence, mais aussi enrichir votre expérience éducative et professionnelle.

Le travail *pro bono*, qui consiste à fournir des services juridiques gratuits à des personnes ou à des communautés qui n'ont pas les moyens de payer pour de tels services, est un moyen précieux d'acquérir une expérience pratique. La participation à des activités *pro bono* vous permet d'appliquer les connaissances acquises en classe à des situations réelles, d'améliorer vos compétences juridiques et de prendre confiance en votre capacité à aider les autres. En outre, le travail *pro bono* vous donne l'occasion d'explorer différents domaines du droit et de développer une compréhension plus approfondie des divers besoins juridiques de la communauté.

La plupart des facultés de droit des États-Unis offrent une variété d'opportunités *pro bono* par le biais de leurs cliniques juridiques, de leurs programmes de stages et de leurs collaborations avec des organisations à but non lucratif. Ces possibilités sont conçues pour être accessibles et flexibles, vous permettant de remplir vos obligations académiques tout en acquérant une expérience pratique. Vous devriez vous familiariser avec les programmes *pro bono* disponibles dans votre établissement dès le début de vos études afin de planifier l'intégration de ces activités dans votre emploi du temps universitaire.

Participer à des activités *pro bono* n'est pas seulement un moyen de satisfaire aux exigences d'admission au barreau, mais cela démontre également votre engagement en faveur de la justice sociale à de futurs employeurs. De nombreux cabinets et organisations juridiques apprécient les candidats qui ont consacré du temps et des efforts à des activités *pro bono*, car cela témoigne d'une éthique de service et d'un engagement en faveur d'une pratique responsable du droit. En outre, les heures consacrées à des activités *pro bono* peuvent constituer un ajout précieux à votre curriculum vitae et un sujet intéressant à aborder lors des entretiens d'embauche.

Pour maximiser les avantages de votre travail pro bono, il est utile de tenir un registre détaillé des heures que vous consacrez à ces activités, ainsi que des types d'affaires et de projets dans lesquels vous êtes impliqué. Certaines juridictions exigent que des documents spécifiques soient soumis lors de l'inscription au barreau ; la tenue d'un registre organisé facilitera donc ce processus. Il est également utile de réfléchir à vos expériences *pro bono* et à la manière dont elles ont influencé votre développement professionnel et personnel.

En résumé, effectuer des heures *pro bono* pendant vos études de droit est un excellent moyen de répondre aux exigences d'admission au barreau, d'acquérir une expérience pratique et de démontrer votre engagement au service de la communauté. Profitez des opportunités *pro bono* offertes par votre établissement pour développer vos compétences juridiques, explorer différents domaines du droit et apporter une contribution positive à la communauté. Ce faisant, vous ne remplirez pas seulement une condition essentielle, mais vous enrichirez également votre formation juridique et vous vous préparerez mieux à une carrière réussie et significative dans le domaine du droit.

Exemple de curriculum

PRÉNOM NOM

Ville, abréviation de l'État - Téléphone portable - Adresse électronique

STATUT DU BARREAU

J'ai l'intention de me présenter à l'examen uniforme du barreau pour l'admission dans l'État de X, Date

ÉDUCATION

FACULTÉ DE DROIT DES ÉTATS-UNIS, Ville, Abréviation de l'État, Pays

Candidat au LL.M. en _, attendu pour le mois 20**_.

Distinctions : Nom de la distinction

Activités : Activité, titre

FACULTÉ DE DROIT, Ville, Abréviation de l'État, Pays

Abréviation du titre, mois 20**_

Distinctions : Nom de la distinction

Activités : Activité, titre

ÉCOLE, ville, abréviation de l'État, pays

Abréviation du titre, mois 20**_

Distinctions : Nom de la distinction

Activités : Activité, titre

EXPÉRIENCE

NOM DE L'EMPLOYEUR, abréviation de la ville et de l'État

Titre, mois 20** - mois 20**

Description.

NOM DE L'EMPLOYEUR, abréviation de la ville et de l'État

Titre, mois 20** - mois 20**

Description.

NOM DE L'EMPLOYEUR, abréviation de la ville et de l'État

Titre, mois 20** - mois 20**

Description.

INFORMATIONS COMPLÉMENTAIRES

Langues, intérêts, certifications, autres.

Modèle de lettre de motivation

PRÉNOM NOM

Ville, abréviation de l'État - Téléphone portable - Adresse électronique

[Date]

VIA : E-MAIL
[Nom du recruteur]
[Titre du recruteur]
[Nom de l'entreprise]
[Adresse de la société]
[Ville, État, code postal]
Cher [nom du recruteur] :

Je vous écris pour vous faire part de mon intérêt pour le poste [Titre du poste] affiché à [Lieu de recherche]. J'ai récemment obtenu mon diplôme de LL.M. auprès de [Nom de la faculté de droit américaine] et suis diplômé en droit de [Nom de la faculté de droit à l'étranger]. Je suis très enthousiaste à l'idée de pouvoir mettre à profit mes connaissances et compétences juridiques au sein de [Nom de l'entreprise].

Pendant mes études à [Nom de la faculté de droit des États-Unis], je me suis spécialisé dans [Domaine d'expertise], où j'ai acquis une solide expérience en [Énumérer toute compétence pertinente]. Lors de mon expérience précédente chez [Nom de l'employeur précédent], j'ai travaillé en tant que [Titre du poste], développant des compétences en [Énumérez toute tâche ou compétence spécifique]. Ces expériences m'ont préparé à contribuer efficacement à votre équipe. J'ai été attiré par ce poste à [Nom de l'entreprise] en raison de sa réputation dans [Mentionnez quelque chose de spécifique à propos de l'entreprise]. Je pense que ma formation et mon expérience me permettent d'apporter une perspective unique et précieuse à votre équipe.

Vous trouverez mon curriculum vitae joint à cette lettre. Je suis impatient de discuter de la manière dont mes compétences et mon expérience peuvent contribuer au succès de [Nom de l'entreprise]. Je vous remercie de votre temps et de votre attention et j'espère avoir l'occasion de m'entretenir avec vous lors d'un entretien.

Sincèrement,

[Prénom] [Nom de famille]

9

DIFFÉRENTS EXAMENS POUR L'INSCRIPTION

Jusqu'à présent, nous avons abordé en détail tous les aspects nécessaires à la réussite des études de droit. Nous avons étudié les conditions d'admission, les différents types de visas d'étudiant, la manière de préparer et de soumettre vos demandes, ainsi que les stratégies pour maintenir de bons résultats scolaires tout au long de votre formation. Nous avons également abordé l'importance de la planification financière, notamment la manière d'obtenir un financement et des bourses pour soutenir vos études aux États-Unis.

Comme nous l'avons vu, la profession juridique aux États-Unis est l'une des plus respectées et des plus exigeantes. Elle requiert une solide formation universitaire et un profond engagement en matière d'éthique et de professionnalisme. Pour pouvoir pratiquer le droit dans n'importe quelle juridiction américaine, il est nécessaire de passer une série d'examens standardisés qui testent à la fois les connaissances théoriques et les compétences pratiques. Ces examens garantissent que tous les avocats possèdent les compétences nécessaires pour représenter efficacement leurs clients et répondre aux normes élevées de la profession.

Dans ce chapitre, nous examinerons en détail les différents examens que vous devez passer pour obtenir une licence d'avocat dans les différentes juridictions des États-Unis. Qu'il s'agisse de l'exigeant Bar Exam ou de tests spécifiques tels que le Multistate Professional Responsibility Examination (MPRE), chaque examen joue un rôle crucial dans la préparation des futurs avocats aux défis de la pratique juridique. Nous aborderons également les examens supplémentaires requis dans certaines spécialités et juridictions, ainsi que les stratégies de préparation qui vous aideront à relever ces défis en toute confiance.

Ce chapitre vous permettra d'acquérir une connaissance approfondie des conditions requises pour s'inscrire en tant qu'avocat, ce qui vous permettra d'être bien préparé pour entamer une carrière juridique aux États-Unis.

Multistate Professional Responsibility Examination (MPRE)

Le **Multistate Professional Responsibility Examination (MPRE)** est un élément crucial sur la voie de l'obtention d'une licence d'avocat aux États-Unis. Administré par la National Conference of Bar Examiners (NCBE), cet examen est exigé par la plupart des juridictions pour s'assurer que les futurs avocats comprennent et respectent les règles de conduite et d'éthique professionnelles.

Le MPRE est conçu pour évaluer votre connaissance et votre compréhension des règles éthiques et de la conduite professionnelle qui régissent la pratique du droit. Contrairement à l'examen du barreau, qui mesure les connaissances substantielles du droit, le MPRE se concentre sur les règles éthiques basées sur les **Model Rules of Professional Conduct de l'American Bar Association (ABA),** ainsi que sur d'autres normes et précédents judiciaires liés à l'éthique professionnelle.

L'examen consiste en 60 questions à choix multiples auxquelles vous devez répondre en deux heures. Sur ces 60 questions, 50 sont notées et les 10 restantes sont des questions pré-testées pour les examens futurs et n'affectent pas votre score. Les questions portent sur différents domaines de l'éthique professionnelle, notamment les conflits d'intérêts, la confidentialité, la publicité et la sollicitation, les compétences, les responsabilités des avocats et des juges, et la conduite en cas de litige.

La plupart des juridictions des États-Unis exigent l'approbation du MPRE dans le cadre du processus d'obtention d'une licence d'exercice du droit. Toutefois, le score minimum requis peut varier d'une juridiction à l'autre. En général, un score compris entre 75 et 85 est suffisant pour réussir, mais il est essentiel de vérifier les exigences spécifiques de la juridiction dans laquelle vous envisagez d'exercer.

La réussite au MPRE n'est pas seulement une exigence pour l'obtention d'une licence dans de nombreuses juridictions, c'est aussi un signe de votre engagement en faveur de l'éthique professionnelle et d'une conduite responsable dans l'exercice du droit. La capacité à comprendre et à appliquer les normes éthiques est essentielle pour protéger les intérêts des clients, maintenir l'intégrité de la profession juridique et garantir l'équité du système juridique.

Le MPRE, bien que spécifique dans son approche, fait partie intégrante du processus visant à devenir un juriste compétent et respectueux de la déontologie. En consacrant le temps et les efforts nécessaires à la préparation et à la réussite de cet examen, vous franchirez une étape cruciale vers une carrière juridique réussie et respectée.

Stratégies de préparation pour le M PRE

La préparation à l'examen MPRE nécessite une combinaison d'étude disciplinée et de familiarité avec les types de questions qui seront posées lors de l'examen. Voici quelques stratégies clés qui vous permettront de réussir l'examen :

1. Inscrivez-vous à un cours de préparation. La plupart des programmes de préparation au barreau proposent des cours gratuits spécialement conçus pour le MPRE. Ces cours comprennent généralement des leçons vidéo, des questionnaires pratiques et des examens blancs. Parmi les prestataires les plus connus, citons Barbri, Kaplan et Themis. L'inscription à l'un de ces cours peut vous apporter une structure et des ressources précieuses pour votre étude.

2. Réviser le Code de Conduite Professionnelle. Le MPRE se fonde principalement sur le code de conduite professionnelle de l'American Bar Association (ABA). Veillez à lire et à comprendre ce document dans son intégralité, car de nombreuses questions de l'examen testeront votre connaissance et votre application de ces règles.

3. Entraînez-vous avec les examens précédents. L'un des moyens les plus efficaces de se préparer à l'ERPM est de passer des examens blancs. Ces examens vous permettent de vous familiariser avec le format des questions et le type de raisonnement attendu. Ils vous aident également à identifier les domaines dans lesquels vous devez vous améliorer. Profitez des banques de questions fournies par les cours de préparation et entraînez-vous régulièrement pour développer votre capacité à analyser les questions et à y répondre efficacement.

4. Établissez un calendrier d'étude. La préparation à l'ERPM doit être un processus structuré. Établissez un programme d'étude qui vous permette de couvrir tous les domaines de l'examen et de disposer de suffisamment de temps pour réviser et renforcer les concepts les plus difficiles. Consacrer un temps d'étude quotidien ou hebdomadaire spécifique peut vous aider à rester sur la bonne voie.

5. Utilisez des ressources supplémentaires. Outre les cours de préparation et les tests d'entraînement, il existe de nombreuses autres ressources qui peuvent vous aider à vous préparer à l'ERPM. Les livres d'étude, les applications mobiles et les guides en ligne peuvent fournir des explications détaillées des concepts et des questions pratiques supplémentaires. Envisagez de rejoindre des groupes d'étude ou des forums en ligne où vous pourrez discuter des questions difficiles et partager des stratégies avec d'autres étudiants préparant le même examen.

6. Techniques d'examen et gestion du temps. L'ERPM est limité dans le temps, il est donc essentiel de développer de bonnes compétences en matière de gestion du temps. Entraînez-vous à répondre aux questions en un temps limité pour vous habituer à la pression de l'examen réel. Apprenez à lire attentivement chaque question et à éliminer rapidement les choix incorrects afin d'augmenter vos chances de sélectionner la bonne réponse.

En mettant en œuvre ces stratégies de préparation, vous pouvez augmenter considérablement vos chances de réussite à l'ERPM. N'oubliez pas que la cohérence et la pratique sont essentielles pour maîtriser la matière et vous sentir confiant le jour de l'examen.

Qualifications nécessaires par juridiction

Pour obtenir une licence permettant d'exercer le droit dans une juridiction spécifique, il est essentiel de comprendre les **exigences de qualification de le MPRE** qui s'appliquent à cette région. Chaque juridiction a son propre score minimum de réussite, qui peut varier de manière significative. Le tableau suivant détaille les notes minimales requises pour réussir le MPRE dans les différentes juridictions des États-Unis. Ces informations sont essentielles pour planifier votre préparation et vous assurer que vous répondez aux normes requises pour la juridiction dans laquelle vous souhaitez exercer. [17]

---

[17] Informations extraites de la National Conference of Bar Examiners. Il est important de vérifier les exigences spécifiques lors de la candidature. Disponible à l'adresse suivante : https://reports.ncbex.org/comp-guide/charts/chart-6/#mpre

État	Qualification
Alabama	75
Alaska	80
Arizona	85
Arkansas	85
Californie	86
Colorado	85
Connecticut	80
Delaware	85
District de Columbia	75
Floride	80
Géorgie	75
Hawaï	85
Idaho	85
Illinois	80
Indiana	80
Iowa	80
Kansas	80
Kentucky	80
Louisiane	80
Le Maine	80
Maryland	85
Massachusetts	85
Michigan	85
Minnesota	85
Mississippi	75
Missouri	80
Montana	80
Nebraska	85
Nevada	85
New Hampshire	79
New Jersey	75
Nouveau Mexique	80
New York (en anglais)	85
Caroline du Nord	80
Dakota du Nord	85
Ohio	85
Oklahoma	80
Oregon	85
Pennsylvanie	75
Rhode Island	80
Caroline du Sud	
Dakota du Sud	85

Tennessee	82
Texas	85
Utah	86
Vermont	80
Virginie	85
Îles Vierges	75
Washington	85
Virginie occidentale	80
Wisconsin	Pas nécessaire
Wyoming	85

Sections du MPRE

L'examen MPRE est structuré en plusieurs sections couvrant différents aspects de l'éthique professionnelle et de la responsabilité dans la pratique juridique. Ces sections sont conçues pour tester vos connaissances et votre compréhension des règles régissant la conduite des avocats. [18]Vous trouverez ci-dessous les sections de l'examen MPRE, chacune se concentrant sur des domaines spécifiques qui sont essentiels à la pratique du droit avec intégrité et professionnalisme.

Section	Pourcentage
Réglementation de la profession juridique	6-12%
Relation avocat-client	10-16%
Confidentialité	6-12%
Conflits d'intérêts	12-18%
Concurrence, faute professionnelle et autres responsabilités civiles	6-12%
Litiges et autres formes de plaidoyer	10-16%
Transactions et communications avec les non-clients	2-8%
Les différents rôles de l'avocat	4-10%
Sécurisation des fonds et autres biens	2-8%
Communication sur les services juridiques	4-10%
Devoirs de l'avocat envers le public et le système juridique	2-4%
Conduite judiciaire	2-8%

---

[18] La National Conference of Bar Examiners fournit un aperçu plus détaillé. Disponible à l'adresse suivante : https://www.ncbex.org/sites/default/files/2023-01/MPRE_Subject_Matter_Outline.pdf

Examen uniforme du barreau

L'**Uniform Bar Exam (UBE)** est une évaluation standardisée créée par la **National Conference of Bar Examiners (NCBE)** et utilisée dans de nombreuses juridictions aux États-Unis. L'objectif principal de l'UBE est de fournir une mesure uniforme des compétences et des connaissances essentielles à la pratique du droit. Cette standardisation permet aux notes obtenues à l'examen d'être transférables entre les juridictions qui ont adopté l'UBE, facilitant ainsi la mobilité professionnelle des juristes à l'intérieur du pays. [19]

L'adoption de l'UBE par diverses juridictions a révolutionné la manière dont les nouveaux avocats sont autorisés à exercer. Auparavant, les avocats devaient passer des examens spécifiques à chaque État, ce qui compliquait le processus d'installation et d'exercice dans plusieurs États. Avec l'UBE, une note uniforme peut être acceptée dans toutes les juridictions participantes, ce qui simplifie considérablement le processus.

Alors que l'UBE fournit une mesure standardisée des compétences juridiques générales, les juridictions individuelles peuvent avoir des exigences supplémentaires. Il peut s'agir de tests portant sur des lois spécifiques à la juridiction ou d'éléments de formation supplémentaires pour s'assurer que les candidats connaissent les particularités juridiques de la juridiction dans laquelle ils cherchent à être admis.

L'objectif premier de l'UBE est d'évaluer les connaissances et les compétences fondamentales que tous les juristes doivent posséder avant d'être autorisés à pratiquer le droit. La transférabilité des résultats de l'UBE est un avantage significatif, car elle permet aux candidats d'utiliser leurs résultats pour demander l'admission dans n'importe quelle juridiction acceptant l'UBE. Cette flexibilité profite à la fois aux candidats, qui bénéficient d'une plus grande mobilité professionnelle, et aux juridictions, qui reçoivent une mesure standardisée des compétences des candidats.

La pertinence de l'UBE peut être soulignée sous plusieurs aspects :

1. Transférabilité des notes. La possibilité de transférer les résultats d'un État à l'autre offre une grande flexibilité aux avocats qui souhaitent travailler dans différentes juridictions sans avoir à passer plusieurs examens du barreau. Cette possibilité est particulièrement avantageuse pour ceux qui vivent dans des zones métropolitaines s'étendant sur plusieurs États ou pour ceux qui souhaitent changer d'État pour des raisons personnelles ou professionnelles.

---

[19] Informations adaptées de la National Conference of Bar Examiners, disponibles à l'adresse suivante : https://www.ncbex.org/exams/ube/about-ube.

2. Standardisation de l'évaluation. En proposant un examen standardisé, l'UBE garantit que tous les candidats sont évalués selon les mêmes critères et les mêmes normes, quelle que soit leur juridiction. Cela favorise une base équitable pour mesurer la compétence des aspirants avocats.

3. Réduction des coûts et des efforts. L'UBE réduit la nécessité de préparer et de passer plusieurs examens spécifiques à un État, ce qui permet aux candidats d'économiser du temps et de l'argent. Cette efficacité s'étend également aux juridictions, qui peuvent se concentrer sur d'autres aspects de l'octroi de licences et de la réglementation de la profession.

4. Promouvoir les compétences nationales. En unifiant le processus d'évaluation, l'UBE favorise une saine concurrence entre les juristes au niveau national, en veillant à ce que les compétences et les connaissances essentielles soient reconnues et évaluées de manière uniforme dans tous les États participants.

Juridictions ayant adopté l'UBE

L'UBE a été adopté par un grand nombre de juridictions aux États-Unis, ce qui reflète une tendance à la normalisation et à la portabilité des autorisations d'exercer le droit. Ces juridictions reconnaissent les avantages d'un examen uniforme, qui permet aux futurs avocats de transférer leurs qualifications et d'exercer dans plusieurs États sans avoir à repasser l'examen du barreau. Vous trouverez ci-dessous une liste détaillée des juridictions qui ont adopté l'UBE, soulignant l'impact positif de cette adoption sur la mobilité professionnelle des avocats et la cohérence de l'évaluation des compétences juridiques au niveau national. [20]

---

[20] Carte réalisée par Legal Uword disponible sur https://legal.uworld.com/bar-exam/states/

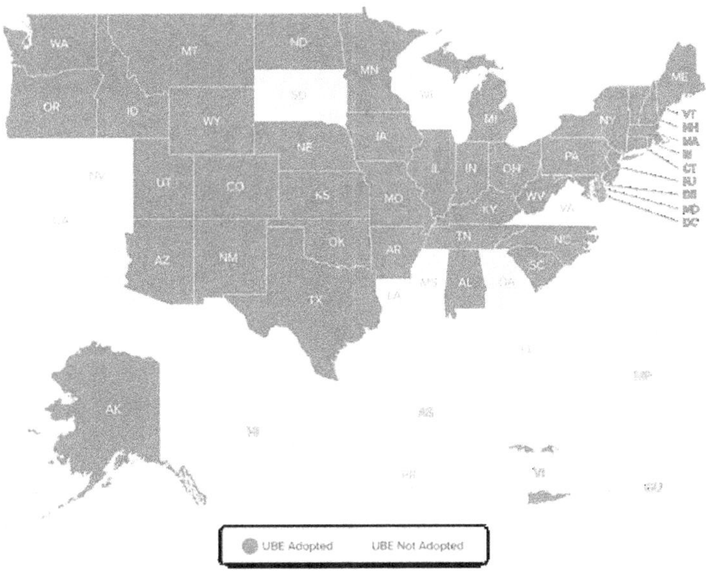

Composantes de l'UBE

L'UBE est un examen complet composé de trois éléments principaux destinés à mesurer de manière exhaustive les compétences et les connaissances nécessaires à l'exercice de la profession d'avocat. Chacune de ces composantes, le **Multistate Essay Examination** (MEE), le **Multistate Performance Test** (MPT) et le **Multistate Bar Examination** (MBE), contribue à une évaluation complète et uniforme des compétences des futurs juristes. Vous trouverez ci-dessous une analyse de chacun de ces éléments, expliquant leur structure, leur objectif et la manière dont ils sont administrés dans le cadre de l'UBE.

Multistate Performance Test (MPT)

Le **MPT** consiste en deux exercices de 90 minutes développés par le NCBE. Ces exercices sont administrés dans les juridictions participant à l'examen du barreau le mardi précédant le dernier mercredi de février et de juillet de chaque année. Les juridictions peuvent choisir d'inclure l'un ou les deux exercices du MPT dans leurs examens. Les juridictions qui administrent l'Uniform Bar Examination (UBE) utilisent les deux exercices du MPT. [21]

Le MPT n'est que l'un des outils qu'un jury d'examen du barreau peut

---

[21] Adapté de la section MPT de la National Conference of Bar Examiners, disponible à l'adresse https://www.ncbex.org/exams/mpt/about-mpt.

utiliser pour évaluer la compétence des candidats à l'exercice de la profession d'avocat. Chaque juridiction évalue le test MPT et établit sa propre politique concernant le poids qui lui est accordé par rapport aux autres composantes de l'examen. Les juridictions qui administrent l'UBE attribuent à la MPT une pondération de 20 %.

Le MPT a pour but d'évaluer la capacité du candidat à utiliser les compétences juridiques fondamentales dans des situations réalistes et à accomplir des tâches qu'un juriste débutant devrait être capable de réaliser. Il ne s'agit pas d'un test de connaissances spécifiques en droit, mais d'une évaluation des compétences essentielles dont les juristes doivent faire preuve, quel que soit leur domaine d'activité.

Le MPT consiste en deux tâches de 90 minutes chacune. Le matériel pour chaque tâche comprend un dossier et une bibliothèque. Le dossier contient des documents sources avec tous les faits de l'affaire et une description de la tâche spécifique à accomplir par le candidat, fournie dans un mémorandum d'un avocat superviseur. Le dossier peut comprendre des transcriptions d'entretiens, de dépositions, d'audiences ou de procès, des plaidoiries, de la correspondance, des documents du client, des contrats, des articles de journaux, des dossiers médicaux, des rapports de police ou des notes de l'avocat. Les faits pertinents et non pertinents sont inclus et peuvent être ambigus, incomplets ou contradictoires. Comme dans la pratique, la version des faits d'un client ou de l'avocat qui le supervise peut être incomplète ou peu fiable. Les candidats sont censés identifier les cas où les faits sont incohérents ou absents et déterminer des sources d'information supplémentaires. [22]

La bibliothèque peut contenir des cas, des statuts, des règlements ou des règles, dont certains peuvent ne pas être pertinents pour la tâche assignée. On attend des candidats qu'ils puisent dans la bibliothèque les principes juridiques nécessaires à l'analyse du problème et à l'exécution de la tâche. Le MPT n'est pas un test de droit substantiel ; les documents de la bibliothèque fournissent suffisamment d'informations substantielles pour accomplir la tâche.

Le MPT évalue plusieurs compétences essentielles en matière de plaidoirie, notamment : (1) trier des documents factuels détaillés et séparer les faits pertinents de ceux qui ne le sont pas ; (2) analyser des documents juridiques, tels que des lois et des affaires, pour en extraire les principes juridiques applicables ; (3) appliquer le droit pertinent aux faits pertinents pour résoudre le problème d'un client ; (4) identifier et résoudre les dilemmes éthiques lorsqu'ils se présentent ; (5) communiquer efficacement par écrit ; et (6) mener

---

[22] Tiré de la section de préparation à la MPT de la National Conference of Bar Examiners, disponible à l'adresse suivante : https://www.ncbex.org/exams/mpt/preparing-mpt.

à bien une tâche de plaidoirie dans un temps imparti.

Ces compétences sont testées en demandant aux candidats de réaliser une ou plusieurs tâches juridiques. Par exemple, les candidats peuvent être invités à accomplir des tâches telles que : un mémorandum à un avocat superviseur, une lettre à un client, un mémorandum ou un mémoire persuasif, un exposé des faits, une clause contractuelle, un testament, un plan de conseil, une proposition de règlement, un plan de découverte, un plan d'interrogation des témoins ou une plaidoirie finale.

Le MPT examine d'autres compétences fondamentales nécessaires à l'accomplissement de nombreuses tâches juridiques. Ces compétences sont les suivantes : [23]

1. Résolution de problèmes. Le candidat doit démontrer qu'il est capable d'élaborer et d'évaluer des stratégies pour résoudre un problème ou atteindre un objectif, notamment en identifiant et en diagnostiquant le problème, en proposant d'autres solutions, en élaborant et en mettant en œuvre un plan d'action et en maintenant le processus de planification ouvert à de nouvelles informations et à de nouvelles idées.

2. Analyse et raisonnement juridiques. Le candidat doit démontrer sa capacité à analyser et à appliquer les règles et principes juridiques, y compris l'identification et la formulation de questions juridiques, l'identification des règles juridiques pertinentes, la formulation, l'élaboration et l'évaluation de théories juridiques, et la synthèse d'arguments juridiques.

3. Analyse des faits. Le candidat doit démontrer sa capacité à analyser et à utiliser les faits, à planifier et à mener l'enquête factuelle, notamment en identifiant les faits pertinents, en déterminant la nécessité d'une enquête factuelle, en planifiant l'enquête, en organisant l'information et en évaluant l'information recueillie.

4. Communication. Le candidat doit démontrer sa capacité à communiquer efficacement par écrit, en évaluant le point de vue du destinataire de la communication et en organisant et en exprimant ses idées avec précision, clarté, logique et économie.

5. Organisation et gestion d'une tâche juridique. Le candidat doit démontrer sa capacité à organiser et à gérer une tâche juridique, en répartissant efficacement le temps, les efforts et les ressources et en menant à bien les tâches dans les délais impartis.

6. Reconnaissance et résolution des dilemmes éthiques. Le candidat doit démontrer sa capacité à représenter un client d'une manière conforme aux

---

[23] Adapté de "MPT skills tested" par la National Conference of Bar Examiners, disponible sur https://www.ncbex.org/sites/default/files/2023-01/MPT_Skills_Tested_2023.pdf.

normes éthiques applicables, y compris sa connaissance de la nature et des sources des normes éthiques, des moyens par lesquels ces normes sont appliquées et sa capacité à reconnaître et à résoudre les dilemmes éthiques.

L'évaluation de ces compétences permet de s'assurer que les futurs juristes n'ont pas seulement une connaissance théorique du droit, mais qu'ils sont également capables d'appliquer ces connaissances de manière pratique dans des situations réelles.

La préparation au Multistate Performance Test (MPT) nécessite une approche stratégique, car cette section de l'examen ne teste pas les connaissances juridiques de fond, mais plutôt les compétences pratiques que les juristes utilisent dans leur travail quotidien. Vous trouverez ci-dessous des techniques et des stratégies efficaces pour vous préparer au MPT :

1. Familiarisez-vous avec le format du MPT. Avant de commencer à étudier, assurez-vous de bien comprendre le format du MPT. Examinez les exemples d'épreuves passées et les exemples de réponses fournis par le NCBE. En vous familiarisant avec la structure des Archives et de la Bibliothèque, ainsi qu'avec les types de documents que vous pourriez rencontrer, vous vous sentirez plus à l'aise le jour de l'examen.

2. Développez vos compétences en matière de gestion du temps. Le MPT vous demande de réaliser chaque tâche en 90 minutes. Entraînez-vous à gérer efficacement votre temps en le répartissant de manière appropriée entre la lecture des documents, la planification de votre réponse et la rédaction. Une bonne règle empirique consiste à consacrer environ 45 minutes à la lecture et à la planification, et les 45 minutes restantes à la rédaction. Effectuez des simulations chronométrées pour améliorer votre capacité à accomplir des tâches dans le temps imparti.

3. Entraînez-vous à lire et à analyser des documents. Le MPT comprend une variété de documents dans les archives et la bibliothèque. Entraînez-vous à lire et à analyser ces documents afin d'identifier les faits pertinents, d'extraire les principes juridiques applicables et de planifier votre réponse. Veillez tout particulièrement à distinguer les faits pertinents de ceux qui ne le sont pas et à identifier toute incohérence ou ambiguïté dans les informations fournies.

4. Améliorez vos compétences rédactionnelles. Le MPT teste votre capacité à communiquer efficacement par écrit. Entraînez-vous à rédiger différents types de documents juridiques que vous pourriez rencontrer lors du MPT, tels que des mémos, des lettres de clients, des textes persuasifs, des exposés des faits et des plans de conseil. Concentrez-vous sur l'organisation et l'expression de vos idées de manière claire, précise et logique. Obtenez des commentaires sur vos écrits et travaillez à améliorer vos faiblesses.

5. Utilisez les ressources de préparation. Profitez des ressources de préparation disponibles, telles que les cours de préparation à l'examen du barreau qui proposent des sessions spécifiques au MPT. La plupart des programmes de préparation à l'examen du barreau proposent des cours gratuits de préparation au MPT, qui fournissent des exercices pratiques, des stratégies d'étude et des guides de rédaction. L'utilisation de ces ressources peut vous donner un avantage significatif dans votre préparation.

6. Simulez le jour de l'examen. Effectuez des simulations complètes du MPT dans les conditions de l'examen. Simulez l'environnement de l'examen le plus fidèlement possible, y compris les contraintes de temps et le type de matériel fourni. Cet entraînement vous aidera à vous habituer au rythme de l'examen et à réduire votre anxiété le jour de l'examen.

7. Révisez vos erreurs passées et tirez-en des leçons. Après chaque exercice pratique, comparez vos réponses aux réponses modèles. Identifiez vos erreurs et les points à améliorer. Tirer les leçons de vos erreurs passées vous permettra d'ajuster votre approche et de vous améliorer continuellement.

La mise en œuvre de ces techniques de préparation vous aidera à développer les compétences dont vous avez besoin pour obtenir de bons résultats à la MPT et augmenter vos chances de réussite à l'examen du barreau.

Multistate Essay Examination (MEE)

Le **MEE** est un outil clé utilisé par les commissions d'examen du barreau dans diverses juridictions pour évaluer la compétence des candidats à la pratique du droit. Cet examen, développé par le NCBE, fait partie de l'Uniform Bar Examination (UBE), qui est administré uniformément dans les juridictions participantes le mardi précédant le dernier mercredi des mois de février et de juillet de chaque année. [24]

L'objectif principal de l'examen MEE est d'évaluer la capacité des candidats à identifier et à analyser des questions juridiques à partir de situations hypothétiques. Les tests MEE ne mesurent pas seulement la connaissance du droit substantiel, mais aussi la capacité à séparer les informations pertinentes des informations non pertinentes et à présenter une analyse raisonnée de manière claire, concise et bien organisée. Cet examen est crucial pour démontrer les compétences en communication écrite, une compétence essentielle pour tout juriste en exercice.

Le MEE se compose de six questions à développement, auxquelles il faut répondre en 30 minutes. Les domaines du droit qui peuvent être couverts par

---

[24] Adapté de la section MEE de la National Conference of Bar Examiners. Disponible à l'adresse suivante : https://www.ncbex.org/exams/mee/about-mee

le MEE sont variés et comprennent : [25]

- **Partenariats commerciaux** : y compris les agences, les sociétés de personnes, les sociétés de capitaux et les sociétés à responsabilité limitée.

- **Procédure civile** : traite des aspects liés au processus judiciaire.

- **Conflit de lois** : traite de l'application des lois de différentes juridictions dans les affaires juridiques.

- **Droit constitutionnel** : examen des questions d'interprétation de la Constitution et des droits fondamentaux.

- **Contrats** : comprend le droit commun des contrats et l'article 2 du Code de commerce uniforme (UCC) sur les ventes.

- **Droit pénal et procédure pénale** : couvre les principes du droit pénal et le processus de justice pénale.

- **Preuves** : se concentre sur les règles d'admissibilité des preuves dans les procédures judiciaires.

- **Droit de la famille** : comprend des questions telles que le mariage, le divorce, la garde des enfants et la pension alimentaire.

- **Propriété** : examine les aspects des droits de propriété immobilière et personnelle.

- **Dommages et intérêts** : traite de la responsabilité civile et des dommages et intérêts.

- **Fiducies et successions** : comprend les successions, les testaments et les fiducies.

- **Article 9 de l'UCC** : se réfère aux transactions assurées.

L'examen MEE est l'une des trois composantes de l'UBE, avec l'examen MBE et l'examen MPT. Dans les juridictions qui administrent l'UBE, les MEE représentent 30 % de la note totale de l'examen. Cette pondération significative souligne l'importance des compétences rédactionnelles et analytiques dans la pratique juridique. Grâce à l'examen MEE, les examinateurs peuvent évaluer non seulement les connaissances des candidats dans divers domaines du droit, mais aussi leur capacité à appliquer ces connaissances de manière pratique et efficace.

Pour se préparer efficacement au MEE, il est essentiel de développer un certain nombre de stratégies :

1. Compréhension approfondie du droit matériel. Assurez-vous d'avoir une solide compréhension des domaines du droit qui peuvent être examinés. Cela inclut non seulement les règles juridiques, mais aussi la capacité à les appliquer à des situations hypothétiques.

---

[25] Les thèmes abordés sont disponibles à l'adresse suivante : https://www.ncbex.org/exams/mee/preparing-mee

2. Entraînez-vous à rédiger des essais. Un entraînement régulier à la rédaction de dissertations dans des conditions chronométrées peut améliorer de manière significative vos capacités d'organisation et d'analyse. Utilisez d'anciennes questions d'examen pour vous familiariser avec le format et les attentes.

3. Analyse des questions antérieures. Passez en revue et analysez les anciennes questions d'examen afin d'identifier les schémas communs et les domaines récurrents. Cela vous aidera à vous concentrer sur les sujets les plus pertinents et à comprendre comment les questions sont structurées.

4. Retour d'information et révision. Demandez à vos mentors, à vos enseignants ou à vos pairs de vous faire part de leurs commentaires sur vos essais. L'examen critique de vos réponses peut vous aider à identifier vos faiblesses et les points à améliorer.

5. Gestion du temps. Entraînez-vous à répondre aux questions dans le temps imparti afin de vous assurer que vous pouvez terminer chaque essai dans les 30 minutes disponibles.

Le MEE est une évaluation complète qui mesure à la fois les connaissances juridiques et les compétences pratiques des futurs avocats. Grâce à une préparation diligente et stratégique, les candidats peuvent acquérir les compétences nécessaires pour réussir cette composante cruciale de l'UBE et progresser sur la voie de la pratique professionnelle du droit.

Multistate Bar Examination (MBE)

Le **MBE** est un élément fondamental de l'UBE et l'une des composantes les plus reconnues des examens d'admission au barreau aux États-Unis. Administré par le NCBE, le MBE évalue les connaissances et les compétences essentielles que doit posséder un avocat en exercice.

L'objectif du MBE est de fournir une mesure standardisée des compétences de base et des connaissances juridiques qui sont fondamentales pour la pratique du droit. Ce test à choix multiples est conçu pour évaluer la capacité des candidats à appliquer des principes juridiques dans des situations hypothétiques. Contrairement aux tests MEE, le MBE ne mesure pas les compétences en matière de communication écrite, mais se concentre sur l'analyse et l'application du droit substantiel. Il évalue la mesure dans laquelle un candidat peut appliquer des principes juridiques fondamentaux et un raisonnement juridique pour analyser des situations factuelles données.

L'examen MBE consiste en 200 questions à choix multiples à compléter en une seule journée, plus précisément le dernier mercredi des mois de février et de juillet. [26] L'examen est divisé en deux sessions de trois heures chacune, avec 100 questions par session. Les questions de l'examen sont divisées en sept domaines principaux du droit, chacun comportant 25 questions notées : [27]

1. Droit constitutionnel : il examine les principes et les structures du gouvernement, ainsi que les droits et libertés individuels.

2. Contrats : comprend les questions de droit commun des contrats et l'article 2 du Code de commerce uniforme (CCU) sur les ventes.

3. Droit pénal et procédure pénale : couvre le droit pénal matériel et le processus de justice pénale.

4. Preuve : se concentre sur les règles régissant l'admissibilité de la preuve dans les procédures judiciaires.

5. La responsabilité civile : elle traite de l'indemnisation des dommages et de la responsabilité civile.

6. Propriété : examine les droits de propriété immobilière et personnelle.

7. Procédure civile : y compris les aspects de la procédure judiciaire et du contentieux.

En plus de ces 175 questions notées, le MBE comprend 25 questions de pré-test qui ne sont pas notées, mais qui sont mélangées de manière interchangeable avec les autres. Les candidats doivent donc répondre à toutes les questions.

Dans le cadre de l'UBE, le MBE représente 50 % de la note totale de l'examen. Cette pondération significative souligne l'importance d'une bonne connaissance et d'une capacité à appliquer des principes juridiques dans un large éventail de domaines du droit. La note obtenue à le MBE est transférable, ce qui permet aux candidats de transférer leurs résultats dans n'importe quelle juridiction acceptant l'UBE, offrant ainsi flexibilité et mobilité professionnelle.

Pour se préparer efficacement à le MBE, il est essentiel d'adopter un certain nombre de stratégies :

1. Étude structurée. Organisez un plan d'étude qui couvre tous les domaines du droit examinés. Utilisez du matériel d'étude fiable et suivez un emploi du temps rigoureux.

2. Entraînez-vous régulièrement. Résolvez régulièrement des questions d'entraînement pour vous familiariser avec le format de l'examen et améliorer votre capacité à répondre sous la pression du temps. Utilisez des banques de questions et faites des examens blancs.

3. Révision des concepts clés. Assurez-vous que vous comprenez et que

---

[26] Adapté de l'explication générale fournie par la National Conference of Bar Examiners à l'adresse https://www.ncbex.org/exams/mbe/about-mbe.

[27] Les thèmes sont disponibles à l'adresse suivante : https://www.ncbex.org/exams/mbe/preparing-mbe

vous pouvez appliquer les concepts juridiques fondamentaux dans chaque domaine du droit. La répétition et la révision constantes sont essentielles pour consolider les connaissances.

4. Analyse des questions incorrectes. Analysez vos réponses incorrectes afin d'identifier les schémas d'erreurs et les domaines qui nécessitent plus d'attention. Cela vous aidera à corriger vos erreurs et à améliorer vos performances.

5. Techniques de gestion du temps. Entraînez-vous à répondre aux questions dans le temps imparti afin d'améliorer votre rapidité et votre précision. Il est essentiel d'apprendre à gérer efficacement votre temps pendant l'examen pour pouvoir répondre à toutes les questions.

6. Suivez des cours de préparation. Envisagez de vous inscrire à des cours de préparation aux MBE qui proposent des examens blancs, du matériel d'étude et des sessions de révision. Nombre de ces cours proposent également des stratégies spécifiques pour répondre aux questions à choix multiples.

Le MBE évalue une série de compétences essentielles à la pratique juridique, notamment

1. Compréhension et application du droit : capacité à interpréter et à appliquer des principes juridiques à des situations factuelles spécifiques.

2. Analyse et raisonnement juridiques : capacité à analyser les faits et à formuler des arguments juridiques solides.

3. Reconnaissance des dilemmes juridiques : la compétence d'identifier les problèmes juridiques pertinents dans un contexte factuel.

4. Prise de décision sous pression : capacité à prendre des décisions rapides et précises dans un environnement d'examen chronométré.

Pendant l'examen, les candidats disposent de trois heures par session pour répondre à toutes les questions. Il n'y a pas de pause prévue pendant les sessions du matin et de l'après-midi. Il est essentiel que les candidats inscrivent toutes leurs réponses sur la feuille de réponses dans le temps imparti. Aucune correction n'est autorisée une fois que la fin du temps imparti est annoncée. Les notes sont basées sur le nombre de réponses correctes, sans pénalité pour les réponses incorrectes.

Le MBE est un outil d'évaluation rigoureux et stimulant qui exige une préparation intensive et ciblée. Grâce à une étude méticuleuse et à une pratique régulière, les candidats peuvent développer les compétences nécessaires pour réussir cette composante essentielle du UBE et progresser sur la voie de l'admission au barreau et de l'exercice professionnel du droit.

Next Gen Bar Exam

Le **NextGen Bar Exam**, une innovation significative dans l'évaluation des compétences juridiques, sera lancé dans un nombre limité de juridictions aux États-Unis en juillet 2026. Cet examen est conçu pour évaluer une variété de compétences essentielles pour les avocats, en utilisant un ensemble ciblé de concepts et de principes juridiques fondamentaux nécessaires à la pratique du droit aujourd'hui.

L'examen du barreau NextGen se concentrera sur les concepts et principes juridiques fondamentaux qui sont essentiels à la pratique du droit. À partir de juillet 2026, l'examen évaluera en permanence le droit de la famille et les fiducies et successions par le biais de tâches de performance et de séries de questions intégrées, en fournissant des ressources juridiques pour ces concepts. À partir de juillet 2028, ces sujets seront intégrés à l'examen au même titre que d'autres concepts juridiques essentiels, tels que les associations commerciales, la procédure civile, le droit constitutionnel, le droit des contrats, le droit pénal, la preuve, les biens immobiliers et la responsabilité civile. [28]

L'examen NextGen Bar Exam met l'accent non seulement sur la connaissance des principes juridiques, mais aussi sur un large éventail de compétences pratiques qui sont essentielles à une pratique juridique efficace. Ces compétences sont les suivantes

- **Recherche juridique** : capacité à trouver et à utiliser des sources juridiques pertinentes.

- **Rédaction juridique** : compétence en matière de rédaction de documents juridiques clairs et efficaces.

- **Identification et analyse des problèmes** : capacité à identifier les questions juridiques et à les analyser correctement.

- **Recherche et évaluation** : évaluation critique des informations et des preuves.

- **Conseils aux clients** : fournir des conseils clairs et utiles aux clients.

- **Négociation et résolution des conflits** : gestion efficace des négociations et de la résolution des conflits.

- **Relations avec les clients et gestion de la clientèle** : maintenir des relations efficaces avec les clients et gérer leurs attentes et leurs besoins.

L'examen NextGen Bar sera administré et noté par les différentes juridictions américaines, le NCBE fournissant la plateforme technologique pour la notation. L'examen sera administré sur les ordinateurs portables des

---

[28] Toutes les informations ont été adaptées à partir des informations officielles de la National Conference of Bar Examiners, disponibles à l'adresse https://www.ncbex.org/exams/nextgen/about-nextgen.

candidats dans des centres d'examen surveillés. Une plateforme d'évaluation en ligne sécurisée sera utilisée pour présenter l'examen et recueillir les réponses. Cette plateforme offrira des technologies d'assistance et des formats personnalisés pour ceux qui ont besoin d'aménagements.

L'examen NextGen remplacera l'actuel Uniform Bar Examination (UBE) en tant que base pour la transférabilité des scores entre les juridictions participantes. Pendant la période de transition, les juridictions de l'UBE accepteront les scores de l'UBE actuel et de NextGen à des fins de transférabilité, les scores de l'UBE actuel restant valides jusqu'à la date limite fixée par chaque juridiction.

L'examen du barreau NextGen utilisera une variété de types de questions pour évaluer les candidats :

- Questions à choix multiples. Elles représentent environ 40 % du temps de l'examen et comportent entre quatre et six choix de réponses et une ou plusieurs réponses correctes. Au départ, elles ressemblent aux questions du Multistate Bar Examination (MBE).

- Les séries de questions intégrées. Elles occupent environ un quart du temps de l'examen. Basées sur un scénario factuel courant, elles peuvent inclure des ressources juridiques et des documents supplémentaires, et mélanger des questions à choix multiples et des questions à réponse courte.

- Tâches de performance. Elles représentent environ un tiers de la durée de l'examen. Elles exigent des candidats qu'ils démontrent leurs compétences fondamentales dans des situations réalistes en accomplissant des tâches typiques d'un juriste débutant.

Le test NextGen sera mis en œuvre par étapes sur plusieurs années, à partir de juillet 2026. Les premières juridictions à adopter le test seront : [29]

- Juillet 2026 : Connecticut, Guam, Maryland, Missouri, Oregon, Washington.

- Juillet 2027 : Arizona, Iowa, Kentucky, Minnesota, Nebraska, Nouveau Mexique, Oklahoma, Tennessee, Vermont, Wyoming.

- Juillet 2028 : Colorado, Kansas, Utah.

L'examen NextGen représente une avancée significative dans l'évaluation des compétences juridiques, s'adaptant aux besoins changeants de la pratique du droit et garantissant que les nouveaux avocats sont bien préparés à relever les défis de leur profession.

---

[29] Ces dates étant encore provisoires, il est nécessaire de vérifier davantage les sources officielles pour savoir quand de nouvelles juridictions l'adopteront.

Autres examens d'État

Outre l'Uniform Bar Examination (UBE) et le NextGen Bar Exam, plusieurs États américains administrent leurs propres examens du barreau. Ces examens reflètent les particularités juridiques et réglementaires de chaque juridiction et peuvent varier considérablement en termes de format, de contenu et d'exigences.

Chaque État qui n'a pas adopté l'UBE fixe ses propres exigences en matière d'examen, qui peuvent comprendre une combinaison de questions à choix multiples, de dissertations et de tâches de performance. Outre ces éléments généraux, de nombreux États ont des sections spécifiques couvrant des domaines du droit propres à la juridiction. Par exemple, certains États peuvent exiger une connaissance détaillée de la législation de l'État, de la législation locale ou de réglementations spécifiques qui ne sont pas couvertes par l'UBE.

Des États comme la Californie, la Floride et la Louisiane, entre autres, organisent leurs propres examens du barreau, qui comprennent des sections spécifiques adaptées à leurs besoins juridiques. Ces examens peuvent être réputés pour leur rigueur et la nécessité d'une préparation spécifique aux particularités juridiques de l'État.

Pour ceux qui souhaitent obtenir l'autorisation d'exercer le droit dans un État qui ne participe pas à l'UBE, il est essentiel de rechercher et de comprendre les exigences spécifiques de cette juridiction. Les candidats doivent confirmer les détails de l'examen, y compris les éléments à tester, les ressources d'étude recommandées et tout cours ou examen supplémentaire requis pour satisfaire aux normes d'admission de l'État.

En résumé, la diversité des examens d'État aux États-Unis souligne l'importance d'une préparation détaillée et spécifique à chaque juridiction. Il est essentiel de comprendre et de respecter ces exigences pour réussir sa carrière de juriste dans un État donné.

10

TÉMOIGNAGES D'ÉTUDIANTS DU LL.M .

Au long de cet ouvrage, nous avons exploré les informations essentielles pour les juristes internationaux qui souhaitent étudier et exercer aux États-Unis. Des étapes nécessaires à la préparation académique et à l'obtention d'un visa aux stratégies d'intégration sur le marché juridique américain, nous avons fourni des conseils détaillés et pratiques. Au-delà des faits et des conseils, il existe cependant un aspect inestimable que seuls les étudiants en LL.M. peuvent offrir : leurs expériences personnelles.

Dans ce chapitre, nous nous penchons sur les témoignages de ceux qui ont déjà parcouru ce chemin. Chaque témoignage offre non seulement un aperçu unique des défis et des triomphes individuels, mais révèle également les émotions, les obstacles surmontés et les leçons apprises au cours de leur parcours dans un programme de LL.M. aux États-Unis. De l'adaptation initiale à un nouvel environnement culturel et universitaire à la satisfaction d'obtenir des résultats académiques et professionnels significatifs, ces récits capturent l'essence de ce que signifie être un étudiant en droit international dans ce pays.

Chaque histoire reflète la diversité des parcours professionnels et personnels que les juristes internationaux peuvent suivre aux États-Unis, soulignant l'importance des efforts, de la résilience et de la détermination dans la poursuite des objectifs éducatifs et professionnels dans un environnement juridique mondialisé et compétitif.

La méthodologie de ce chapitre de témoignages d'étudiants en LL.M. est basée sur une série de questions conçues pour capturer des perspectives diverses et des expériences individuelles. Chaque question cherche à approfondir les aspects clés de l'expérience des étudiants dans le programme LL.M. aux États-Unis. Vous trouverez ci-dessous des précisions sur la manière dont chaque question aborde les différents axes :

1. Motivation et choix de l'université. Cette question explore les motivations initiales de l'étudiant à poursuivre un LL.M. aux États-Unis et les raisons pour lesquelles il a choisi cette université en particulier. Elle fournit des informations sur les objectifs et les attentes initiales de l'étudiant.

2. Adaptation et défis académiques. Visant à explorer à la fois l'adaptation culturelle et les défis académiques du programme, cette question permet aux étudiants de partager leurs expériences et les stratégies utilisées pour surmonter les difficultés.

3. Ressources et soutien de l'université. Cherche à identifier les ressources et le soutien au sein de l'université qui ont été les plus utiles aux étudiants étrangers, tels que les bibliothèques, les bureaux de développement de carrière et les clubs d'étudiants.

4. Développement de carrière et conseils en matière d'emploi. Se concentre sur l'impact du programme LL.M. sur le développement professionnel de l'étudiant et offre des conseils pratiques sur la recherche d'un emploi aux États-Unis.

5. Évaluation de l'expérience et réflexion. Invitez les étudiants à réfléchir aux aspects les plus intéressants de leur expérience du LL.M. et à faire part de ce qu'ils changeraient s'ils avaient l'occasion de la répéter, afin d'en tirer des enseignements pour les futurs étudiants.

6. Préparation à l'examen du barreau et soutien de l'école. Cette question porte sur la manière dont le programme de LL.M. a préparé l'étudiant à l'examen du barreau et sur le type de soutien qu'il a reçu de l'université au cours du processus de préparation, soulignant l'importance de cet aspect critique de la formation juridique.

Chaque réponse apporte une perspective unique qui enrichit la compréhension globale de l'expérience du LL.M. aux États-Unis, offrant des conseils précieux et des idées qui peuvent guider d'autres étudiants sur un chemin similaire.

Yuntian Xia (22 ans, Chine) : LL.M. in National Security and Technology Law, Georgetown Law

J'ai décidé de faire un LL.M. aux États-Unis parce que dans mon pays, il est presque impossible de trouver un bon emploi sans un diplôme de master. Les meilleures universités de droit en Chine exigent un score très élevé à un examen unifié, que seuls les meilleurs étudiants peuvent obtenir. En revanche, pour entrer dans les facultés de droit américaines, vous n'avez besoin que du TOEFL et d'une bonne moyenne, sans compter les frais de scolarité, qui sont beaucoup plus abordables. En outre, les écoles de droit américaines vous permettent de passer l'examen du barreau de New York, une qualification très prisée en Chine. Ce sont là mes raisons les plus réalistes, mais je voulais aussi faire l'expérience de la vie aux États-Unis et comprendre le fonctionnement de ce grand empire.

J'ai choisi l'université de Georgetown parce que c'est la meilleure école de Washington et que je voulais être proche du cœur de l'Amérique. Vivre à Washington pendant un an a été une expérience extraordinaire.

L'adaptation à la vie aux États-Unis a été relativement facile. La plupart des étudiants chinois apprennent à cuisiner rapidement et à manger chez eux. En revanche, les défis académiques ont été nombreux. Il est très difficile d'apprendre le droit dans une deuxième langue. Dans certains cours de droit, la plupart d'entre nous devaient faire appel à un traducteur et il était difficile d'exprimer nos opinions, même sur des questions simples. Ce n'est qu'au deuxième semestre que j'ai commencé à m'adapter. Au sein de l'université, j'ai rencontré un professeur qui m'a beaucoup aidé et guidé, répondant à beaucoup de mes questions.

Le programme LL.M. m'a permis d'acquérir une solide compréhension du système juridique américain et de la société américaine en général. Je me sens à l'aise pour traiter des questions liées aux États-Unis, non seulement dans le domaine juridique, mais aussi dans les domaines de la finance ou de l'immigration. La recherche d'un emploi aux États-Unis est une tâche difficile pour les étudiants chinois en raison des relations internationales. Par conséquent, je vous recommande de vous concentrer sur des domaines spécifiques tels que le commerce et l'immigration, qui peuvent être plus pratiques.

Ce que j'apprécie le plus dans mon expérience du LL.M., c'est la possibilité de me faire des amis dans le monde entier. En tant qu'organisateur étudiant chinois, j'ai passé beaucoup de temps à communiquer avec mes compatriotes. Si c'était à refaire, je choisirais un réseau social plus large. Enfin, je prévois de passer l'examen du barreau de New York le semestre prochain, et la préparation que j'ai reçue jusqu'à présent m'a été très utile.

Jessica Silva (29 ans, Brésil) : LL.M. in International and Comparative Law, Cardozo School of Law

J'ai toujours voulu m'installer aux États-Unis. À la faculté de droit du Brésil, j'ai axé mes études sur le droit international, en particulier sur les traités relatifs aux droits de l'homme. J'avais l'intention d'étudier quelque chose en rapport avec l'immigration et les droits de l'homme. Comme j'étais en retard pour les inscriptions d'automne, je n'ai postulé qu'à Cardozo. J'ai reçu une bourse de 25 000 dollars (la valeur totale de mon programme de maîtrise en droit est d'environ 71 000 dollars). Si j'avais eu plus de temps, j'aurais postulé auprès d'autres écoles, mais j'ai été satisfaite de la bourse que j'ai reçue.

L'adaptation à la vie aux États-Unis a été plus facile que je ne le pensais, car j'ai visité New York depuis l'âge de 15 ans et je savais comment les gens vivaient ici avant mon arrivée. Au début, à l'école, j'avais des maux de tête après les cours à cause de l'exposition intensive à l'anglais, mais je m'y suis habituée. L'introduction au droit américain m'a fait peur, car j'ai commencé à découvrir les affaires de common law et leurs différences avec le droit civil. Cependant, au bout d'un mois, je comprenais tout assez bien.

Je continue de penser que les appels à froid sont les pires. Dans les classes où il y a plus d'étudiants JD et un plus grand nombre de camarades de classe, je demandais à ne pas participer aux appels téléphoniques parce que je ne voulais pas parler devant la classe. Cependant, j'ai aimé participer à certaines petites classes, ce qui a eu une incidence sur la manière dont les professeurs m'ont noté.

Le programme LL.M. de Cardozo est bien développé. Au début du cours, nous avons eu de nombreuses réunions avec le personnel pour expliquer le cours, la bibliothèque, les comptes en ligne (LexisNexis, etc.), comment utiliser tous les outils en ligne offerts par l'école, et comment et avec qui nous pouvions résoudre différents types de problèmes. Il y a un doyen spécifique pour les étudiants en LL.M. avec des personnes formées pour nous aider à choisir les cours. Si nous avons un problème avec un professeur, nous pouvons contacter ces personnes pour obtenir de l'aide. Je ne connais aucun étudiant en LL.M. qui ait échoué dans une matière. Ils peuvent avoir de mauvaises notes s'ils ne demandent pas d'aide, mais ils n'échouent jamais. La bibliothèque est immense et nous pouvons y étudier toute la journée si nous le souhaitons. Il y a des clubs et les étudiants en LL.M. sont les bienvenus, mais le temps que nous y passons est trop court pour que nous puissions en profiter. J'ai des amis qui ont rejoint l'association des étudiants en droit latino-américains. J'ai rejoint le club d'immigration, mais je n'ai participé qu'à un ou deux événements par semestre.

Il existe un bureau de développement de carrière à Cardozo. Cependant, il n'aide pas les étudiants en LL.M. autant que les étudiants en JD. Ils nous aident à rédiger nos curriculum et nos profils LinkedIn, mais ils organisent des salons de l'emploi à l'école pour les étudiants en droit et ne permettent pas aux étudiants en LL.M. d'y participer. Ils nous ont même dit que les cabinets d'avocats n'étaient pas intéressés par les étudiants en LL.M. pour des postes aux États-Unis et qu'ils ne pouvaient pas nous aider. C'est un manque de respect, car ils vendent le rêve d'étudier et de travailler aux États-Unis, et ensuite, lorsque nous terminons le cours, ils disent simplement que notre formation n'est pas la bienvenue dans les cabinets d'avocats aux États-Unis.

Je ne peux pas encore répondre à la question de savoir comment le programme LL.M. a contribué à mon développement professionnel, car je suis encore en train de chercher. Ce que je peux dire, c'est que j'ai un statut d'étudiant immigrant qui me permet de travailler pendant un an seulement (OPT). Lorsque je postule à un emploi, on me demande généralement si je peux travailler ici aux États-Unis de manière permanente, et ma réponse est non. C'est un véritable défi que de recevoir une invitation à un entretien.

J'apprécie énormément l'amélioration de mes compétences en rédaction juridique et la compréhension globale que j'ai acquise du système juridique américain au cours de mon LL.M. En outre, la possibilité de nouer des contacts et des amitiés durables a été incroyablement gratifiante. Si c'était à refaire, je ferais une étude de marché approfondie pour mieux comprendre les exigences du marché de l'emploi juridique. Cela me permettrait de choisir des cours qui correspondent mieux aux compétences et aux connaissances recherchées par les employeurs, ce qui améliorerait mes perspectives d'emploi.

Je prévois de passer l'examen du barreau en février 2025. Lors de la première semaine de cours, le doyen a dit que nous devrions nous concentrer sur l'achat d'un cours payant spécifique à l'examen du barreau, car même les étudiants en doctorat paient généralement pour cela. La raison en est que les cours payants spécifiques (comme Barbri, Themis) sont mieux équipés pour nous préparer à l'examen. Le soutien que nous avons reçu de l'école concernait les conditions d'inscription. Elle a publié un document contenant des instructions détaillées, ce qui nous a vraiment aidés. Il nous indiquait les matières que nous devions inclure dans notre programme d'études, l'endroit où nous devions déposer notre candidature et tout le reste. Toutefois, l'école n'a pas proposé de cours sur les matières nécessaires à l'obtention du brevet d'avocat.

Aylin Castillo (25 ans, Équateur) : LL.M. en études juridiques américaines, St. John's University School of Law

Ma principale motivation pour poursuivre un LL.M. aux États-Unis a été d'élargir mes connaissances du domaine juridique américain afin d'aider les parties de la communauté qui n'ont pas accès à une représentation juridique. J'ai choisi l'université St. John's en raison de la rigueur de son programme d'études, du soutien personnalisé apporté à la préparation de l'examen du barreau et, surtout, de l'environnement favorable offert par le corps enseignant, le personnel et les autres étudiants.

S'adapter à la vie aux États-Unis et relever les défis académiques du programme a été un véritable processus. En tant que juriste formé dans un pays de droit civil, le fait d'être confronté à une culture, à un système éducatif et à une langue complètement différents a constitué un défi de taille, qui est parfois passé inaperçu. La pression académique du programme m'a obligée à me surpasser et à adopter de nouvelles habitudes, en mettant de côté mes perspectives juridiques antérieures afin de m'adapter correctement. Cependant, il est extrêmement gratifiant de relever constamment ces défis, car nous apprenons toujours ; on ne maîtrise jamais tout.

Dans le cadre du programme LL.M., le soutien le plus précieux m'a été apporté par le bureau de développement professionnel, avec lequel j'ai travaillé pour affiner mon curriculum et devenir un étudiant ambassadeur du programme LL.M. de mon école pour l'association du barreau de la ville de New York.

Le programme LL.M. a joué un rôle déterminant dans mon développement professionnel en m'apportant une compréhension approfondie de la manière de travailler en réseau de manière efficace, d'élaborer des dossiers de candidature, de préparer divers types de documents juridiques, entre autres aspects essentiels. Je conseille aux futurs étudiants qui cherchent un emploi aux États-Unis de participer activement aux clubs qui correspondent à leurs objectifs de carrière, d'assister aux événements de réseautage et de s'assurer que leur curriculum vitae est bien étoffé, car la concurrence est forte, mais pas impossible à vaincre.

Ce que j'apprécie le plus dans mon expérience du LL.M., c'est le soutien que j'ai reçu de la part des professeurs et des membres de la faculté ; ils m'ont toujours donné un feedback incroyable et une motivation pour continuer, même dans les moments les plus difficiles. Si je pouvais refaire le programme, je me concentrerais davantage sur la participation active aux clubs d'étudiants et je veillerais à interagir davantage avec les étudiants de la section J. D.

Le programme de LL.M. de mon école met fortement l'accent sur la préparation à l'examen du barreau de plusieurs manières, notamment en proposant un cours spécifique à suivre sur deux semestres qui aborde cinq domaines majeurs de l'examen du barreau. En outre, pendant l'été, des ateliers supplémentaires sont proposés pour d'autres domaines de l'examen du barreau, que les étudiants peuvent utiliser pour renforcer leurs connaissances. En outre, il y a beaucoup de contacts entre les professeurs et les étudiants en cas de questions spécifiques sur l'envoi de documents au BOLE et sur l'examen du barreau lui-même.

Mohammed Hamad Aldrees (28 ans, Arabie Saoudite) : LL.M. en Propriété Intellectuelle, Boston University School of Law

J'ai choisi les États-Unis principalement en raison de la variété et des progrès qu'ils ont réalisés dans le domaine du droit, en particulier en matière de propriété intellectuelle. Ce domaine m'intéressait beaucoup et j'ai donc décidé de choisir l'université de Boston, car elle fait partie des dix meilleures écoles de droit dans ce domaine.

Au départ, je n'ai pas rencontré de difficultés majeures pour m'adapter à la culture, car j'étais conscient des différences culturelles et idéologiques. Cependant, les défis académiques étaient considérables. Je me souviens clairement de l'énorme quantité de lectures nécessaires pour préparer les cours et de la difficulté qu'il y avait au début à suivre les lectures, surtout lorsqu'elles étaient faites dans une autre langue. Cependant, avec le temps et les efforts, j'ai réussi à surmonter ce problème.

La plupart des services fournis par l'université ont été très utiles, en particulier les services de la bibliothèque et de la bibliothèque de droit. En outre, l'université a proposé plusieurs visites d'introduction à la bibliothèque et à ses services, ce qui s'est avéré très bénéfique.

Étudier un LL.M. aux États-Unis m'a énormément aidé à comprendre le système juridique américain et à me préparer au marché du travail dans ce pays. Par conséquent, je conseille aux nouveaux étudiants de se concentrer principalement sur l'étude des matières de l'examen du barreau américain au cas où vous souhaiteriez travailler dans ce pays.

Je ne me suis jamais demandé ce que je changerais si je pouvais revenir en arrière, car dans l'ensemble, mon expérience a été très bonne. Étudier le droit dans un autre pays doté d'un système juridique différent vous aide à élargir votre réflexion et à renforcer votre analyse juridique. En outre, le fait de rencontrer des étudiants internationaux d'autres pays vous permet de bénéficier d'une exposition culturelle inestimable. Étudier à l'étranger m'a permis de rencontrer des gens et des amis d'autres pays et, à mon avis, c'est l'une des choses les plus importantes que vous gagnez en étudiant à l'étranger. Les moments beaux et agréables deviendront un beau souvenir.

L'université a organisé plusieurs réunions pour présenter l'examen du barreau et les exigences de base pour chaque État. Elle a également aidé les étudiants à s'informer sur les services disponibles pour préparer l'examen. En outre, l'université vous aide à établir un programme d'études et vous prépare pour les étudiants qui souhaitent passer l'examen. Elle a également mis à la disposition des étudiants qui souhaitent passer l'examen un service spécialisé qui les aide à préparer leurs documents et les tient informés des procédures nécessaires.

11

EXIGENCES PAR JURIDICTION

Lorsque vous envisagez de passer l'examen du barreau américain après avoir obtenu un LL.M., il est essentiel de comprendre que les exigences varient considérablement d'une juridiction à l'autre. Chaque État fixe ses propres règles et conditions pour permettre aux titulaires d'un LL.M. international de se présenter à l'examen.

Le chemin vers l'admission au barreau n'est pas uniforme et peut impliquer un certain nombre d'étapes supplémentaires, telles que le respect de certaines exigences en matière d'éducation, l'achèvement de cours spécifiques ou même l'obtention d'une évaluation des qualifications par les autorités locales. Certains États sont plus réceptifs aux diplômés internationaux de LL.M., offrant une voie plus claire et plus directe, tandis que d'autres peuvent exiger une formation supplémentaire ou imposer des restrictions plus strictes.

Dans cette section, nous fournirons un guide détaillé des exigences spécifiques à chaque juridiction pour les diplômés du LL.M. souhaitant se présenter à l'examen du barreau. Nous aborderons les États réputés plus accessibles aux diplômés internationaux, ainsi que ceux dont les exigences sont plus strictes. Nous examinerons également toute réglementation supplémentaire susceptible d'être pertinente, telle que les exigences en matière d'expérience pratique, la nécessité de suivre des modules spécifiques de droit américain et les variations dans le format et le contenu de l'examen du barreau dans chaque État.

En outre, nous discuterons de l'importance de planifier à l'avance et de bien comprendre les exigences et procédures spécifiques de la juridiction dans laquelle vous souhaitez exercer. La connaissance de ces différences peut faciliter une planification plus efficace et aider à éviter les surprises au cours de la procédure d'admission au barreau. Ces connaissances sont essentielles pour les futurs avocats qui ont suivi ou envisagent de suivre un programme de LL.M. aux États-Unis, car elles leur permettent de préparer une stratégie appropriée pour l'admission à la pratique du droit dans l'État de leur choix. [30]

Alabama

Les candidats doivent satisfaire aux exigences suivantes et en apporter la preuve : (a) la faculté de droit étrangère dont ils sont diplômés est agréée dans la juridiction étrangère où elle est située ; (b) le candidat a été admis à pratiquer le droit dans la juridiction où cette université ou école est située ; et (c) au moins l'une des conditions suivantes : (i) le programme d'études en droit suivi par le candidat comprend une part importante de common law anglais ; ou (ii) le candidat a suivi de manière satisfaisante au moins 24 heures semestrielles de matières juridiques couvertes par l'examen du barreau dans le cadre de cours réguliers de l'école de droit, conformément aux normes de l'ABA ; ou (iii) le candidat a été admis à pratiquer le droit devant la juridiction la plus élevée d'une juridiction américaine, a exercé de manière continue la profession de juriste pendant au moins trois ans dans cette juridiction et est membre en règle du barreau de cette juridiction.

Californie

Les diplômés de facultés de droit étrangères doivent demander une évaluation individuelle pour déterminer l'équivalence de leur formation juridique. Les diplômés d'écoles de droit étrangères peuvent se présenter à l'examen du barreau de Californie s'ils obtiennent un LL.M. ou s'ils suivent une année supplémentaire d'études de droit dans une école de droit approuvée par l'ABA ou accréditée par l'État de Californie, qui comprend un certain nombre d'unités de valeur dans les matières de l'examen du barreau. Les étudiants en droit formés à l'étranger qui n'ont pas obtenu de diplôme ne peuvent pas se présenter à l'examen et doivent soit obtenir un JD d'une école de droit

---

[30] Toutes les exigences présentées ont été reprises et adaptées de la National Conference of Bar Examiners, disponible à l'adresse suivante : https://reports.ncbex.org/comp-guide/charts/chart-4/#1610142352111-e56b1dc2-06b5.

approuvée par l'ABA ou accréditée par la Californie, soit suivre quatre années d'études dans une école de droit enregistrée en Californie et réussir l'examen de première année d'études de droit. Les diplômés de facultés de droit étrangères qui sont admis à la pratique active du droit dans leur pays d'origine n'ont pas besoin de suivre des études de droit supplémentaires pour pouvoir se présenter à l'examen du barreau.

Colorado

Les diplômés de facultés de droit étrangères doivent demander une évaluation individuelle pour déterminer s'ils peuvent se présenter à l'UBE au Colorado ou transférer un score admissible à l'UBE. Un candidat formé à l'étranger dispose de trois voies d'accès à l'éligibilité : (1) la formation juridique étrangère du candidat est basée sur les principes de la common law anglaise dont la durée est substantiellement équivalente à celle d'un programme d'études de JD aux États-Unis, il est en règle et autorisé à pratiquer le droit dans une juridiction étrangère ou dans une autre juridiction américaine, et il a été activement engagé dans la pratique du droit pendant au moins 3 des 5 dernières années ; (2) la formation étrangère du candidat est basée sur les principes de la common law anglaise dont la durée est substantiellement équivalente à celle d'un programme d'études de JD aux États-Unis et il a obtenu un diplôme LL.M. d'une école de droit accréditée par l'ABA et répondant à certaines exigences en matière de cursus ; et (3) la formation juridique étrangère du candidat n'est pas basée sur les principes de la common law anglaise mais est d'une durée substantiellement équivalente à celle d'un programme d'études de doctorat en droit aux États-Unis, il est en règle et autorisé à pratiquer le droit dans une juridiction étrangère ou dans une autre juridiction américaine, et il a obtenu un diplôme de LL.M. d'une école de droit accréditée par l'ABA et répondant à certaines exigences en matière de cursus.

Connecticut

Les diplômés de facultés de droit étrangères doivent présenter une demande de détermination de la formation étrangère et recevoir l'approbation du Bar Examination Committee avant de présenter une demande d'admission par examen, d'admission sans examen ou d'admission par transfert des résultats de l'UBE. La formation étrangère doit être substantiellement équivalente à la formation juridique dispensée par une école de droit agréée par l'ABA. Les candidats formés à l'étranger doivent suivre un programme de LL.M. répondant à des exigences spécifiques dans une école de droit agréée par l'ABA ou par le Comité avant d'être admis. Un candidat qui ne satisfait pas aux exigences en matière de formation peut être autorisé à passer l'examen si certaines conditions sont remplies. Ces conditions comprennent l'admission devant le tribunal de première instance d'un État des États-Unis, du district de Columbia, du Commonwealth de Porto Rico ou d'un tribunal de district des États-Unis pendant 10 ans ou plus, le fait d'être en règle dans cette juridiction et d'avoir pratiqué activement le droit dans cette juridiction pendant 5 des 7 dernières années.

District de Columbia

Les diplômés des facultés de droit étrangères doivent être en règle depuis trois ans dans un autre État ou territoire des États-Unis. Les diplômés de facultés de droit étrangères ayant moins de trois ans d'admission en règle dans un autre État ou territoire des États-Unis doivent soumettre leurs relevés de notes du diplôme de droit étranger pour évaluation afin de déterminer s'il s'agit d'un diplôme qualifiant, et doivent également suivre un minimum de 26 heures semestrielles d'études dans une faculté de droit qui, au moment de ces études, était approuvée par l'ABA. Toutes ces heures semestrielles doivent être acquises dans des cours à matière unique dans des domaines du droit qui font l'objet d'une évaluation substantielle lors de l'examen uniforme du barreau (Uniform Bar Examination). Les cours commencés avant le 1er mars 2016 seront pris en compte s'ils portent sur des matières évaluées lors de l'examen du barreau jusqu'en février 2016.

Floride

Les candidats titulaires d'un LL.M. délivré par une école de droit accréditée par l'ABA et répondant aux critères du programme d'études de la commission peuvent, après deux ans de pratique active dans une autre juridiction (district de Columbia ou autres États, ou dans les tribunaux fédéraux des États-Unis ou de leurs territoires, possessions ou protectorats) dans laquelle le candidat a été dûment admis, soumettre une compilation représentative de son travail à l'évaluation de la commission. Si le candidat n'est pas titulaire d'un LL.M., il doit d'abord pratiquer le droit pendant cinq ans dans une autre juridiction, comme décrit ci-dessus, avant de pouvoir soumettre une compilation représentative de son travail à l'examen.

Géorgie

Un juriste formé dans une école de droit située en dehors des États-Unis peut satisfaire aux exigences de formation et être admissible à l'examen s'il est diplômé d'une école de droit étrangère qui satisfait aux exigences des règles, s'il est admis à pratiquer le droit dans la juridiction étrangère et s'il a reçu, d'une école de droit approuvée par l'ABA, un LL.M. qui satisfait aux critères du programme de LL.M. pour la pratique du droit aux États-Unis, adoptés par le Board of Bar Examiners.

Illinois

Le diplômé d'une école de droit étrangère doit avoir été admis à pratiquer le droit dans le pays où le diplôme a été délivré ou dans une juridiction américaine pendant au moins 5 ans ; l'avocat doit être en règle en tant qu'avocat ou équivalent dans ce pays ou dans la juridiction américaine où il a été admis. Pendant au moins 5 des 7 années précédant immédiatement la demande dans l'Illinois, l'avocat doit avoir consacré de manière vérifiable un minimum de 1 000 heures par an à la pratique du droit dans ce pays ou dans la juridiction américaine où il a été admis. En outre, le candidat doit obtenir la note de passage au MPRE et satisfaire à des critères de moralité et d'aptitude.

Maryland

Un diplômé d'une faculté de droit étrangère peut bénéficier d'une dispense pour passer l'UBE dans le Maryland s'il a été admis par examen dans une autre juridiction américaine ou s'il a obtenu un diplôme supplémentaire dans une faculté de droit agréée par l'ABA où il a obtenu au moins 26 heures de crédit dans les matières testées dans l'UBE à l'issue de son diplôme. Toutefois, le candidat peut remplacer un nombre équivalent d'heures de cours de l'UBE par un maximum de 3 heures de crédit en responsabilité professionnelle.

Massachusetts

Un diplômé d'une faculté de droit étrangère (autre que les facultés de droit canadiennes préapprouvées, conformément à la règle VI du Massachusetts Board of Bar Examiners) peut déposer une demande d'admission par examen après avoir suivi des études juridiques supplémentaires désignées par le Board of Bar Examiners dans une faculté de droit approuvée par l'ABA ou une faculté de droit approuvée par la loi du Massachusetts. Pour demander leur admission au Massachusetts, les juristes formés à l'étranger doivent prouver qu'ils sont actuellement autorisés à pratiquer le droit dans la juridiction étrangère et obtenir, par écrit, une décision du Board of Bar Examiners attestant que leur niveau d'études est suffisant.

New York

Le candidat doit accomplir une période d'études de droit équivalente, en termes de durée et de contenu, à celle spécifiée dans les règles de New York, dans une faculté de droit reconnue par une agence d'accréditation compétente du gouvernement du pays étranger. Tous les candidats doivent faire évaluer leurs relevés de notes par le Board of Law Examiners afin de déterminer si des études supplémentaires sous la forme d'un diplôme de LL.M. qualifiant délivré par une faculté de droit des États-Unis approuvée par l'ABA sont nécessaires.

Pennsylvanie

Le candidat doit avoir suivi des études de droit dans une faculté de droit étrangère, avoir été admis au barreau d'une juridiction étrangère et avoir exercé dans cette juridiction pendant cinq des huit dernières années. Le candidat doit également suivre 24 heures de cours dans des matières spécifiques dans une école de droit agréée par l'ABA.

Tennessee

Un candidat formé à l'étranger dispose de deux voies d'accès à l'examen : l'une est basée uniquement sur l'éducation et l'autre requiert une éducation supplémentaire et un diplôme de LL.M. américain. Un candidat sera admissible à l'examen uniquement sur la base de sa formation si celle-ci est accréditée par l'organisme compétent du pays étranger et est substantiellement équivalente à celle requise pour les candidats formés aux États-Unis (une licence ou un diplôme supérieur et un diplôme de JD, obtenu en un ou plusieurs diplômes dans le pays étranger). Une évaluation complète de l'équivalence des études pour l'obtention d'une licence professionnelle par une organisation membre de la National Association of Credential Evaluation Services doit être fournie au conseil d'administration avec la demande. Si l'équivalence éducative n'est pas remplie, un candidat peut être éligible si, en plus d'une formation juridique étrangère dans une école accréditée, il est titulaire d'une licence dans le pays dans lequel il a été formé et a pratiqué activement le droit dans ce pays pendant 5 des 8 années précédant la demande, et s'il a obtenu un LL.M. d'une école de droit accréditée par l'ABA aux États-Unis.

Texas

Un candidat titulaire d'un diplôme initial en droit délivré par une faculté de droit étrangère qui n'est pas fondée sur la common law anglaise doit, en partie, être admis à pratiquer le droit et être titulaire d'un diplôme de maîtrise en droit (LL.M.). Un candidat titulaire d'un diplôme initial en droit délivré par une faculté de droit étrangère fondée sur la common law anglaise doit, en partie, être titulaire d'un diplôme de LL.M. qualifié ou satisfaire à une exigence de pratique de trois ans.

Vermont

Un diplômé d'une faculté de droit étrangère peut se présenter à l'examen du barreau si le candidat (1) a suivi une formation juridique dans une faculté de droit étrangère dont le programme prévoyait une formation dans un système fondé sur la common law de l'Angleterre et qui est par ailleurs équivalente à un diplôme délivré par une faculté de droit agréée, comme déterminé par le processus de détermination des équivalences ; et (2) a été admis au barreau d'un tribunal de juridiction générale dans le pays dans lequel il ou elle a suivi les cours de la faculté de droit étrangère et est resté en règle avec ce barreau ou a démissionné de ce barreau alors qu'il était encore en règle.

Washington

Un candidat titulaire d'un diplôme de droit étranger qui lui permettrait de pratiquer le droit dans cette juridiction est admissible s'il obtient un LL.M. "pour pratiquer le droit" auprès d'une école de droit accréditée par l'ABA. Le LL.M. doit satisfaire aux exigences de l'APR 3 de Washington. Toutefois, les avocats étrangers issus de juridictions anglaises de common law (titulaires d'un diplôme de droit) sont éligibles sans LL.M. s'ils sont actuellement admis et ont une expérience juridique active dans la juridiction de common law pendant au moins trois des cinq années précédant immédiatement la demande.

La procédure permettant aux diplômés de programmes juridiques étrangers d'être admis comme avocats aux États-Unis varie considérablement d'une juridiction à l'autre. Alors que certaines juridictions autorisent l'examen direct après avoir satisfait à certaines exigences en matière de formation et de pratique, d'autres exigent des diplômes supplémentaires, tels que le LL.M., ou la validation de la formation juridique étrangère par le biais d'évaluations d'équivalence.

En outre, de nombreuses autres juridictions acceptent les avocats internationaux dans des conditions différentes. Il est donc essentiel de vous informer en détail sur le site web de la National Conference of Bar Examiners (NCBE) et auprès des autorités compétentes de l'État afin de comprendre les exigences spécifiques et actualisées. Il s'agit non seulement d'obtenir des qualifications supplémentaires et de pratiquer le droit, mais aussi de se familiariser avec les règles et procédures locales d'admission au barreau. Ce faisant, ils seront en mesure de naviguer dans le paysage complexe de l'admission au barreau aux États-Unis et de faire progresser leur carrière juridique de manière efficace.

- 142 -

12

LISTE DE CONTRÔLE AVANT LE PREMIER JOUR D'ÉCOLE

Il est essentiel de se préparer correctement avant le premier jour de cours pour assurer une transition en douceur et un début réussi de votre programme LL.M. aux États-Unis. Qu'il s'agisse de choisir le bon programme, de comprendre les différences entre les systèmes juridiques ou de se préparer financièrement, chaque étape est essentielle pour optimiser votre expérience éducative et professionnelle.

Cette liste de contrôle détaillée est conçue pour vous guider à travers toutes les étapes que nous avons abordées précédemment, en vous fournissant un parcours clair et organisé afin que vous ne vous perdiez pas dans le processus. Elle couvre toutes les étapes, depuis les premiers pas de la recherche et de la candidature aux programmes, l'obtention de votre visa d'étudiant, la gestion de vos finances, jusqu'à la préparation académique et éthique. En suivant cette liste de contrôle, vous serez prêt à relever les défis et à tirer le meilleur parti des possibilités offertes par votre programme de maîtrise en droit.

- ☐ Lisez le Guide de survie pour les avocats étrangers.
- ☐ Analysez les différents programmes disponibles et dressez une liste des universités auxquelles vous souhaitez postuler.
- ☐ Renseignez-vous sur les conditions d'admission des universités qui

vous intéressent et rassemblez les documents nécessaires.

- ☐ Remplissez le formulaire I-20 auprès du bureau des étudiants étrangers de l'université où vous avez finalement décidé de vous inscrire.
- ☐ Payez les frais SEVIS.
- ☐ Prenez rendez-vous avec l'ambassade concernée et demandez le visa F-1.
- ☐ Présentez-vous au rendez-vous à l'ambassade pour un entretien avec un agent consulaire.
- ☐ Achetez le billet d'avion pour les États-Unis et organisez la documentation nécessaire.
- ☐ Organiser ses finances et ses sources de revenus pour couvrir les frais de scolarité et les frais de subsistance.
- ☐ Sélectionnez les matières à étudier au cours du premier semestre.
- ☐ Envoyez votre carnet de vaccination à l'université, si nécessaire.
- ☐ Participez aux cours de English for American Law School.
- ☐ Pratiquer la méthode IRAC de rédaction juridique et de lecture de textes juridiques.
- ☐ Examinez les conditions d'admission des juristes internationaux dans la juridiction dans laquelle vous souhaitez postuler.
- ☐ Demandez l'évaluation préalable à la formation auprès du Board of Law Examiners de la juridiction dans laquelle vous souhaitez postuler.
- ☐ Consultez les programmes des matières choisies et effectuez les lectures et devoirs de la première semaine.
- ☐ Participez à la semaine d'introduction à la faculté de droit.
- ☐ Profitez pleinement de l'expérience !

En suivant ces étapes en détail, vous vous assurez non seulement que vous remplissez toutes les conditions requises, mais vous vous préparez aussi mentalement et émotionnellement à relever les défis qui vous attendent. Chaque étape de ce processus est essentielle pour construire une base solide qui vous permettra de tirer le meilleur parti de votre expérience éducative et professionnelle aux États-Unis.

N'oubliez pas que la clé d'un démarrage réussi est d'être bien informé et bien préparé. Utilisez cette liste de contrôle comme un guide complet pour vous assurer de n'oublier aucun détail important. Avec une bonne préparation, vous serez prêt à affronter et à surmonter tous les obstacles, et à exceller dans votre programme LL.M.

Bonne chance dans votre nouvelle aventure académique et professionnelle !

13

RESSOURCES COMPLÉMENTAIRES

Dans cette section, vous trouverez une liste de ressources supplémentaires qui peuvent être utiles aux étudiants internationaux en LL.M. Ces ressources vont des outils en ligne aux organisations professionnelles et aux services universitaires, et sont conçues pour aider les étudiants à s'orienter dans leur expérience éducative et professionnelle aux États-Unis. Les informations présentées ici peuvent compléter les connaissances acquises en cours et faciliter le processus d'adaptation à un nouvel environnement universitaire et culturel.

Organisations et Associations Professionnelles

1. American Bar Association (ABA)

- **Description** : ABA est l'une des associations d'avocats les plus importantes et les plus prestigieuses des États-Unis. Elle offre un large éventail de ressources, notamment des publications, des programmes de formation continue et des possibilités de mise en réseau.

- **Site web :** www.americanbar.org

2. National Association for Law Placement (NALP)

- **Description** : NALP fournit des ressources pour la planification de la carrière juridique et offre des informations sur les tendances de l'emploi dans le secteur juridique.
- **Site web** : www.nalp.org

3. International Bar Association (IBA)

- **Description** : IBA met en relation des avocats du monde entier et fournit des ressources, des événements et des publications aux professionnels du droit.
- **Site web** : www.ibanet.org

4. Hispanic National Bar Association (HNBA)

- **Description** : HNBA représente les intérêts des avocats hispaniques aux États-Unis et fournit à ses membres des ressources, des réseaux et un soutien professionnel.
- **Site web** : www.hnba.com

5. Dominican Bar Association (DBA)

- **Description** : DBA soutient les avocats et autres professionnels du droit d'origine dominicaine en promouvant la diversité et en offrant des ressources et des opportunités de réseautage.
- **Site web** : www.dominicanbarassociation.org

Livres et Publications Recommandés

1. Black's Law Dictionary

- **Description** : considéré comme le dictionnaire juridique le plus complet et faisant le plus autorité aux États-Unis. C'est un outil indispensable pour tout étudiant en droit.

2. Getting to Maybe: How to Excel on Law School Exams por Richard Michael Fischl y Jeremy Paul

- **Description** : ce livre fournit des stratégies et des techniques pour réussir les examens des facultés de droit.

3. Revues juridiques (Law Reviews)

- **Description** : publications universitaires éditées par des étudiants et contenant des articles sur une variété de sujets juridiques d'actualité.

4. 1001 Legal Words

- **Description** : une ressource essentielle pour les étudiants internationaux. Ce livre vous aide à comprendre le vocabulaire juridique en anglais.

5. Bluebook Citation, 21e éd.

- **Description** : le guide de référence pour les citations juridiques aux

États-Unis.

6. E. Allan Farnsworth: Introduction to the Legal System of the United States

- **Description** : un texte essentiel offrant une vue d'ensemble du système juridique américain.

7. The Lawyer's Craft: An Introduction to Legal Analysis, Writing, Research, and Advocacy

- **Description** : un livre qui met l'accent sur les compétences pratiques et l'artisanat du droit.

8. The Indigo Book

- **Description** : une ressource en ligne gratuite offrant un guide ouvert de la citation juridique.

9. A Short and Happy Guide Series

- **Description** : une série de livres offrant des guides concis et faciles à comprendre sur une variété de sujets juridiques, idéaux pour les étudiants qui cherchent à comprendre rapidement et clairement des concepts complexes.

10. Academic Legal Discourse and Analysis: Essential Skills for International Students Studying Law in The United States

- **Description** : ce livre est conçu spécifiquement pour les étudiants internationaux qui étudient le droit aux États-Unis. Il fournit les compétences essentielles pour comprendre et s'engager dans le discours juridique académique dans le contexte américain, facilitant ainsi la transition et la réussite de leurs études de droit.

Règlements Importants

1. Model Rules of Professional Conduct (MRPC)

- **Description** : les MRPC sont les règles modèles de conduite professionnelle élaborées par l'American Bar Association (ABA) et servent de base aux normes éthiques dans de nombreuses juridictions américaines.

- **Site web** :

https://www.americanbar.org/groups/professional_responsibility/publicatio ns/model_rules_of_professional_conduct/model_rules_of_professional_con duct_table_of_contents/

2. Federal Rules of Evidence (FRE)

- **Description** : le FRE est un ensemble de règles régissant l'admissibilité des preuves dans les tribunaux fédéraux américains.

- **Site web :** www.law.cornell.edu/rules/fre

3. Federal Rules of Civil Procedure (FRCP)

- **Description** : les FRCP sont les règles qui régissent les procédures devant les tribunaux civils fédéraux des États-Unis.

- **Site web :** www.law.cornell.edu/rules/frcp

Ressources en Ligne

1. Westlaw et LexisNexis

- **Description** : ces bases de données juridiques donnent accès à une grande quantité de jurisprudence, de législation et d'articles scientifiques. Ce sont des outils essentiels pour la recherche juridique.

- **Sites web :** legal.thomsonreuters.com/fr/westlaw, www.lexisnexis.com

2. Beyond Non-JD: LL.M.

- **Description** : une plateforme dédiée à la fourniture d'informations et de ressources spécifiques pour les étudiants en master de droit.

- **Site web :** beyondnonjd.wordpress.com/

3. Cornell Legal Information Institute (LII)

- **Description** : une ressource en ligne fournissant des définitions et des explications détaillées de termes juridiques.

- **Site web :** www.law.cornell.edu

4. US Law Essentials

- **Description** : un site web offrant des ressources éducatives sur le droit américain, particulièrement utiles pour les étudiants étrangers.

- **Site web :** www.uslawessentials.com

Ressources Disponibles à l'Université

1. Bibliothèque juridique

- **Description** : les bibliothèques juridiques universitaires offrent souvent un accès à des bases de données juridiques, à des collections de livres et à une aide à la recherche.

2. Bureaux de la Diversité, de l'Équité et de l'Inclusion (DEI)

- **Description** : fournir un soutien et des ressources aux étudiants d'origines diverses et promouvoir un environnement inclusif sur le campus.

3. Career Development Office (CDO)

- **Description** : offre des services d'orientation professionnelle, y compris des ateliers de recherche d'emploi, des révisions de curriculum et des préparations aux entretiens.

4. Conseillers académiques et sociaux

- **Description** : fournir un soutien émotionnel et des conseils pour aider les étudiants à gérer le stress et d'autres défis personnels et académiques.

5. Revues et journaux juridiques

- **Description** : la participation à des revues juridiques permet d'acquérir de l'expérience en matière de recherche et de rédaction juridiques et constitue une excellente opportunité de développement professionnel.

6. Clubs et associations d'étudiants

- **Description** : s'impliquer dans des clubs de droit permet de créer des réseaux et de développer des compétences en dehors de la salle de classe.

7. Centres de rédaction et de tutorat juridique

- **Description** : de nombreuses universités proposent des centres de soutien scolaire où les étudiants peuvent obtenir de l'aide pour la rédaction juridique et d'autres compétences essentielles.

Ressources Financières

1. Scholarships.com

- **Description** : une base de données en ligne qui aide les étudiants à trouver des bourses et des aides financières.
- **Site web :** www.scholarships.com

2. Free Application for Federal Student Aid (FAFSA)

- **Description** : bien que la plupart des étudiants étrangers ne soient pas éligibles à l'aide fédérale, remplir le FAFSA peut être utile pour certains types de bourses et de prêts.
- **Site web :** www.fafsa.ed.gov

Outils de Gestion du Temps et de Productivité

1) Todoist

   - **Description :** une application de gestion des tâches qui aide à organiser et à hiérarchiser le travail universitaire et personnel.

   - **Site web :** www.todoist.com

2. Trello

   - **Description :** un outil de gestion de projet basé sur un tableau de bord qui facilite la collaboration et la planification des tâches.

   - **Site web :** www.trello.com

3. Google Agenda

   - **Description :** un outil de calendrier numérique qui vous permet de planifier et de vous souvenir des événements importants, des réunions et des échéances.

   - **Site web :** calendar.google.com

Le fait de disposer d'une variété de ressources supplémentaires peut faire une grande différence dans l'expérience d'un étudiant international en LL.M. Tirer parti de ces outils et organisations contribuera non seulement à améliorer les résultats académiques, mais aussi à faciliter l'intégration dans la communauté juridique américaine. Assurez-vous d'explorer et d'utiliser ces ressources afin de maximiser votre potentiel et d'atteindre vos objectifs éducatifs et professionnels.

ÉPILOGUE :
VERS UNE COMMUNAUTÉ JURIDIQUE MONDIALE ET INCLUSIVE

près avoir évalué tous les aspects abordés dans cet ouvrage, y compris l'adaptation culturelle, les examens nécessaires et l'intégration sur le marché du travail, il est clair que les juristes étrangers sont confrontés à un certain nombre de défis importants. S'adapter à un nouvel environnement, passer des examens rigoureux et être apprécié sur le marché du travail américain n'est pas une tâche facile. Les différences culturelles, la langue et la nécessité de comprendre un système juridique différent ajoutent des couches de complexité qui exigent des efforts et du dévouement.

Les programmes de LL.M. offrent aux juristes étrangers une occasion inestimable de s'intégrer dans le système juridique américain. Toutefois, le voyage ne s'achève pas avec l'obtention du diplôme. Un chemin semé d'embûches attend les juristes internationaux dans leur recherche d'emploi et dans le processus d'acceptation au sein de la communauté juridique américaine.

Il est essentiel que les juristes internationaux se regroupent et créent une communauté juridique où ils se soutiennent mutuellement et cherchent à se développer ensemble. Ce réseau de soutien peut apporter l'aide émotionnelle et professionnelle nécessaire pour relever ces défis. Le partage des ressources, des expériences et des conseils est essentiel pour surmonter les obstacles. En outre, le soutien apporté à la préparation des examens et à la recherche d'emploi peut faire une grande différence dans la réussite professionnelle de chaque membre de la communauté.

Il est également essentiel de sensibiliser l'ensemble de la communauté juridique à l'importance et à la valeur des programmes de LL.M., afin que les portes continuent de s'ouvrir aux juristes étrangers. Les personnes occupant des postes de direction devraient donner la priorité à l'embauche de candidats ayant une expérience internationale. La diversité des perspectives qu'apportent les juristes internationaux peut grandement enrichir la pratique du droit et la résolution des problèmes juridiques. Souvent, les cabinets n'embauchent pas d'étudiants F-1 en OPT pour éviter de passer par la procédure de parrainage du visa H-1B. Par conséquent, la collaboration entre pairs et le soutien de la communauté sont essentiels pour surmonter ces obstacles.

En outre, il est essentiel de former des groupes de soutien à la préparation au barreau, de s'organiser pour exiger plus de transparence dans les chiffres d'approbation et de développer des programmes plus ciblés pour les étudiants en LL.M. La préparation conjointe au barreau peut augmenter de manière significative les taux de réussite et aider les avocats internationaux à remplir les conditions nécessaires pour exercer aux États-Unis.

Nous devons également plaider ensemble pour que de plus en plus de juridictions acceptent les perspectives internationales et rendent les exigences plus accessibles. La collaboration et le soutien mutuel sont essentiels pour relever ces défis et faire en sorte que les juristes étrangers puissent contribuer pleinement à la communauté juridique des États-Unis. La création d'une communauté juridique mondiale ne profite pas seulement aux avocats internationaux, mais enrichit également la profession juridique dans son ensemble. Grâce à un soutien mutuel et à un plaidoyer commun, nous pouvons créer un environnement plus inclusif et plus accessible pour tous les juristes, quelle que soit leur origine.

Les réussites de ceux qui ont réussi à s'intégrer dans le marché du travail américain nous rappellent que, même si le chemin est ardu, il est réalisable. En nous tournant vers l'avenir, nous envisageons une profession juridique qui valorise et tire parti de la diversité et des expériences internationales, enrichissant ainsi la pratique du droit et la résolution des problèmes juridiques à l'échelle mondiale. Avec de la résilience, de la persévérance et le soutien de la communauté, les juristes internationaux peuvent non seulement relever les défis, mais aussi contribuer de manière significative au domaine du droit aux États-Unis.

À PROPOS DE L'AUTEUR

Maike Miguel Lara Espinal, né le 25 janvier 2002 à Saint-Domingue, en République Dominicaine, est un juriste au parcours universitaire et professionnel exceptionnel. Il a terminé son LL.M. en pratique juridique transnationale à la faculté de droit de l'université St. John's, où il a obtenu son diplôme en tant que major de promotion en mai 2024. John's, Maike a reçu de nombreuses bourses et récompenses, notamment la bourse de la famille Saavedra décernée par  l'Association du barreau dominicain en 2023, et plusieurs prix d'excellence du doyen en droit international, en organisation des entreprises, en rédaction juridique II et en analyse juridique appliquée.

Il a travaillé comme assistant juridique à l'Assemblée de l'État de New York, auprès des députés Jake Blumencranz et George Alvarez, où il a dirigé des initiatives de recherche juridique et législative. Il a également été coordinateur de programmes internationaux au ministère de l'éducation de la République dominicaine, où il a dirigé la coordination de projets internationaux. Lors de son passage à la Commission interaméricaine des télécommunications de l'OEA, il a évalué les cadres juridiques et réglementaires en Amérique latine.

Maike a publié plusieurs articles dans des revues juridiques, tels que « La nécessité de promouvoir la diplomatie technico-scientifique dans les pays d'Amérique centrale et des Caraïbes » et « L'escalade du conflit Ukraine-Russie : vers un nouveau paradigme des droits de l'homme ». Son dernier article pour la New York International Law Review est en attente de publication. Il a représenté la République dominicaine dans de nombreux forums internationaux, dont la LIIe Assemblée générale de l'OEA à Lima, au Pérou, le IXe Sommet des Amériques à Los Angeles, en Californie, et le Xe Sommet de la jeunesse de la Banque mondiale à Washington, D.C.

Parlant couramment l'espagnol, l'anglais et le français, Maike est un fervent défenseur du rôle des étudiants internationaux dans les programmes de LL.M. aux États-Unis. Son engagement en faveur de la justice sociale et des droits de l'homme, combiné à son expérience internationale et universitaire, fait de lui un professionnel hautement qualifié qui se consacre à la promotion d'un cadre juridique juste et équitable à l'échelle mondiale.